读懂投资 先知未来

大咖智慧

THE GREAT WISDOM IN TRADING

成长陪跑

THE PERMANENT SUPPORTS FROM US

复合增长

COMPOUND GROWTH IN WEALTH

一站式视频学习训练平台

日内交易与波段交易的资金风险管理

赫斯特通道与利润最大化交易指南

[德] 维兰德·阿尔特　孙国生 / 著

山西出版传媒集团

山西人民出版社

图书在版编目（CIP）数据

日内交易与波段交易的资金风险管理 / （德）维兰德·
阿尔特，孙国生著 . — 太原：山西人民出版社，2024.
11. — ISBN 978-7-203-13609-5

Ⅰ. F830.91

中国国家版本馆 CIP 数据核字第 2024JQ9440 号

日内交易与波段交易的资金风险管理

著　　者：（德）维兰德·阿尔特　孙国生
责任编辑：孙　琳
复　　审：刘小玲
终　　审：梁晋华
装帧设计：卜翠红

出　版　者：山西出版传媒集团·山西人民出版社
地　　　址：太原市建设南路 21 号
邮　　　编：030012
发行营销：0351-4922220　4955996　4956039　4922127（传真）
天猫官网：https://sxrmcbs.tmall.com　电话：0351-4922159
E-m a i l：sxskcb@163.com　发行部
　　　　　　sxskcb@126.com　总编室
网　　　址：www.sxskcb.com

经 销 者：山西出版传媒集团·山西人民出版社
承 印 厂：廊坊市祥丰印刷有限公司

开　　本：710mm×1000mm　1/16
印　　张：16.5
字　　数：188 千字
版　　次：2024 年 11 月　第 1 版
印　　次：2024 年 11 月　第 1 次印刷
书　　号：ISBN 978-7-203-13609-5
定　　价：78.00 元

给读者的一封信

尊敬的读者：

感谢您选择本书！

在您踏入外汇、期货、股票交易这一充满挑战与机遇的领域时，我们时常被那些高收益的故事所吸引，但同时也不得不面对潜在的高风险。作为一名长期在金融市场交易的实践者，我深知每一位交易者都渴望在变幻莫测的市场中寻找稳定的盈利方法。本书主要讲述的赫斯特通道（Hurst Channels），作为一种有效的技术分析工具，为我们提供了这样的可能性。所以我把这部分内容提至第1部分，让大家先有个初步了解，学会本书全部内容再回过头来读这部分，一定会有大收获。

赫斯特通道，是一种完美的暴利系统，作为技术分析的重要工具，自诞生以来就受到了广大交易者的青睐。其独特之处在于，它不仅能帮助我们识别市场的趋势，还能在趋势的反转点给出明确的信号。当然，仅仅依赖一个工具是远远不够的，我们还需要合理的资金管理和严格的风险控制，来确保我们的交易能长期稳健地盈利，这才是最佳组合。

在此，我非常感谢国际技术分析师协会（IFTA）主席维兰德·阿尔特先生。IFTA是目前全球唯一一个以机构组织名义成立的技术分析师组织，该协会旨在推动全球范围内股票市场技术分析的研究与发展，为投资者提供更加精准、有效的分析方法和工具。维兰德先生作为现任主席，在风险管理与资金管理领域的深厚造诣，为我们提供了宝贵的指导和启示。基于维兰德先生的这些宝贵经验，本书在阐述赫斯特通道应用的同时，也穿插了维兰德关于风险管理和资金管理的核心内容，以期帮助读者实现交易利润的最大化和风险的最小化。

在本书中，先是介绍了赫斯特通道的基本原理和应用方法，然后通过实战案例，展示如何在实际交易中应用这一工具。同时，我与维兰特先生重点讲解了资金管理的策略，包括如何设置止损点，如何合理分配资金，以及如何根据市场情况调整交易策略等。

我坚信，通过学习和实践本书中的内容，您将能更好地掌握赫斯特通道的应用技巧，提高您的交易水平。同时，通过严格的风险管理和资金管理，您也能在交易市场中稳健获利，实现您的财富增值目标。需要说明，本书第 1 部分主要由我撰写；第 2、第 3 部分主要由维兰德撰写，其中的 K 线图量柱颜色与国内相反，绿色为涨，红色为跌，请大家注意。

最后，我要强调的是，交易是一场长期的竞赛和游戏，需要我们不断地学习，不断地实践，不断地总结。希望本书能成为您交易路上的良师益友，助您在交易市场中取得成功。

孙国生

2024 年 8 月 26 日

推荐序

中国一直在积极寻求理解外国的科学发展，以此推动中国社会的进步。正如《西游记》这部名著，深刻体现了中国长期以来乐于向他国学习的优良传统。同样，到访青岛的游客一定会注意到山东省与德国之间深厚的联系。世界闻名的青岛啤酒正是两国学习交流的一个美味例证。而风险与资金管理的合作，则是中德知识交流在现代社会中的一个完美体现。

在投资与交易的广阔天地中，每一位踏入这片领域的探索者都怀揣着对财富的渴望与对成功的憧憬。然而，现实往往比梦想更加复杂多变，风险与机遇并存，成功与失败交织。正是基于这样的背景，我欣然提笔，为作者的力作《日内交易与波段交易的资金风险管理》撰写这篇序言，希望能为广大投资者和交易员点亮一盏明灯，指引他们在波涛汹涌的市场中稳健前行。

风险管理的艺术

投资与交易，本质上是对未来不确定性下的注。市场如海洋，时而风平浪静，时而波涛汹涌。投资者若想在这片海洋中乘风破浪，达到理想的彼岸，就必须掌握风险管理的艺术。作者以其深厚的专业功底和丰富的实战经验，在本书中深入浅出地剖析了风险管理的核心要素，从理论到实践，为读者构建了一套完整的风险管理体系。

作者强调，风险并非洪水猛兽，而是可以通过科学的方法加以控制和利用。通过制定明确的风险管理策略，设定合理的止损和止盈点，投资者可以在市场波动中保持冷静，避免情绪化决策带来的损失。正如作者所言："风险管理，是将与投资相关的不确定性转化为一定程度安全的唯一途径。"

资金管理的智慧

如果说风险管理是投资与交易的盾牌，那么资金管理则是锋利的剑。在作者的笔下，资金管理不仅仅是简单的仓位控制，更是一种智慧的体现。他们通过生动的案例和翔实的数据，向读者展示了如何通过优化资金管理策略，实现资产的稳健增长。

作者特别强调了资金管理矩阵的重要性，这是一个集风险、收益、命中率和交易频率于一体的综合分析工具。通过这一矩阵，投资者可以清晰地看到自己的交易表现，找到改进的方向，进而制订更加合理的交易计划。本书提醒我们，每一次交易都应该是整体资金管理策略的一部分，而非孤立的行为。

心态与策略并重

除了风险管理和资金管理，作者还强调了心态和策略在投资与交易中的重要性。他们认为，一个成功的投资者或交易员，必须具备稳定的心态和灵活的策略。面对市场的波动和变化，他们能够保持冷静和理性，不被情绪所左右；同时，他们也能够根据市场情况及时调整策略，把握机会，规避风险。

在本书第2、第3部分，作者通过瑞克、安娜和彼得3位交易员的实例，生动展示了不同交易风格和策略的应用与效果。这些实例不仅让读者看到了交易的多样性和复杂性，也让他们深刻理解了心态和策略对交易结果的重要影响。

总之，《日内交易与波段交易的资金风险管理》不仅是一本关于投资与交易的指导书，更是一部关于智慧与勇气的启示录。作者以其独特的视角和深刻的见解，为我们揭示了投资与交易的真谛。他们告诉我们，成功的投资与交易并非一蹴而就，而是需要不断学习、不断实践、不断反思的过程。

最后，我衷心希望每一位读者都能从这本书中汲取到智慧和力量，成为自己投资与交易道路上的大师。在未来的日子里，无论市场如何变化，都能保持冷静和理性，以科学的方法管理风险，以智慧的策略配置资金，最终实现财富稳健地增长和人生的辉煌成就。

戴若·顾比

（著有《趋势交易大师》《金融交易者的
中国三十六计》《股票与外汇交易》等）

2024 年 7 月 26 日

Daryl Guppy

RISK AND MONEY MANAGEMENT is not just a guidebook on investing and trading but also an enlightening revelation of wisdom and courage. Through unique perspectives and profound insights, the authors reveals the true essence of investing and trading. They teach us that successful investing and trading are not achieved overnight but require continuous learning, practice, and reflection.

前　言

　　恭喜您！打开这本书，您就会有机会成为专业投资者圈子中的一员！

　　成功的交易和投资到底涉及哪些因素呢？首先，您要有一个稳健的交易策略，告诉您哪些是能盈利的机会。其次，选对金融产品也是您取得成功的关键。举例来说，您既可以选择股票、ETF，也可以选择外汇或期货。当然，投资取得成功最重要的一点是您要有意识地去管理风险，管理好自己的资金，这是金融市场中专业投资者或职业交易者都应具备的技能！

　　本书的第 1 部分，我要给大家推荐一个完美的暴利系统——赫斯特通道，这个通道关注的是周期与预测，是精准的技术分析工具，大家要在实践中运用起来。

　　本书的第 2 部分，主要讲的是如何专业地管理风险，并养成管理风险的积极态度。在当下的投资和交易中，风险管理是一个重要考虑因素，并且每个投资者和交易者都熟悉其理论；不幸的是，在实际操作过程中，理解风险与管理风险之间仍存在巨大的差距，许多交易者的交易结果更是表明了这一巨大差距的存在。

在我们深入理解如何管理亏损（风险）后，下一步探讨的是如何专业地管理利润。对成功的交易者来说，承受亏损与获取利润一样重要。在过去，我们在交易中只需考虑控制亏损，即风险管理做好，可能就足够了。但在今天，止盈获利也同样重要。为什么？一方面，金融市场往往具有较高的波动性，会突然从新高跳到新低；有时候刚开始账面上是盈利的，但下一刻就可能就变为亏损。另一方面，波动性只是其一，股票通常会随着时间的推移而上涨和下跌，但并非所有股票都是如此，有些股票会面临退市或停牌，这种变故有突发性和累积性。多年来，许多公司的股票已在市场上消失得无影无踪，这会突然间抹除投资者账户中所积累的利润，您要是长期不看股，都不知道该股是怎么"死"的。

带着对利润管理的思考，我们来到本书的第 3 部分——专业资金管理。

这部分我们还增加了一些重要内容，并加深了对风险管理和资金管理的见解。作为一名交易者，要想长期取得成功，重点是找到适合自己的交易风格和交易策略，并有意识地将其用于实践。此外，在交易中，几乎有无数种交易方法和交易策略，但它们都有一个共同点，那就是其表现都可以通过数据来衡量。这些数据不仅会显示盈利或亏损，还能显示出您在利用该交易方法或交易策略进行交易时的背景。

举个例子：一位交易者利用其交易策略取得了较高的成功率，但他却止盈过早；而另一位交易者采用同样的策略，虽然每笔交易的风险都在掌控之中，但由于成功率低，其承担的整体风险偏高。所以，尽管两位交易者都遵循相同的交易策略，但在评估业绩时，必须相应地考虑他们在执行策略和管理交易上的差异。

这个例子给广大活跃的交易者抛出了一个基本但又非常重要的问题：如何才能让交易方法和交易策略与我们的资金、经验和我们所取得的交易结果相匹配，从而让我们的交易能持久地盈利？

要回答这个问题，我们来到了专业风险管理和资金管理的要素这部分内容。该部分内容的目的，一方面是能让您有效地控制风险，另一方面是优化您的交易结果，从而增加出现交易机会的频率。

有了资金管理矩阵，您就能了解一款金融产品，并使用该金融产品来长期提高您的交易回报。资金管理矩阵展示了风险管理和资金管理过程中所涉及的各要素。有了该矩阵，您可以根据个人要求对交易进行调整。

在这一点上，即使是经验丰富的交易者也能通过矩阵发现新的见解和重要的方法，并提高他们的交易水平。

为了改善您的资金管理、提高整体的交易回报，我们还将探讨如何一点一点地降低风险，来保护您所累积的利润。在这种情况下，我们还将一步步地探讨如何进场，如何离场，这是操作的关键。

您还可以结合不同的时间框架，通过逐步加仓的方法来提高您的交易回报。本书也讲到了资金管理矩阵的具体用法，如何利用它来改善整体的交易结果。

为了让您能直接、迅速地将本书中的方法运用到实际交易中，我们会在三个金额不同的账户中频繁使用这些方法，并对其结果进行总结。在我们的案例中，我们会采用不同的交易风格与方法，交易的也是不同的金融产品。

此外，在这本书中，我们还会讲到不同的交易应用场景，并将重点放在您身上、其他交易者身上、不同的心理状态上。

为什么要这样做？归根结底，您才是投资和交易背后的决策者。所以在制订决策时，重点是您要根据自己的信念和成功概率去制订交易决策。只有这样，您才能勇敢地、始终如一地去执行这些决策。要了解个人的先决条件，书中也会不断地询问您一些问题，您也要如实给自己做评估。

认识您自己，比任何事情都重要。

维兰德·阿尔特

2024 年 6 月

目 录

第1部分 赫斯特通道——神奇的分析工具

 **第一章** **完美的暴利系统——赫斯特通道** ⋯⋯⋯⋯⋯ 2

一、赫斯特与赫斯特通道 / 3

二、赫斯特的投资信条 / 13

三、神奇的赫斯特通道 / 18

四、赫斯特通道的介绍及用法 / 24

五、赫斯特通道实战用法 1：一石二鸟 / 30

六、赫斯特通道实战用法 2：两江汇流 / 42

七、赫斯特通道实战用法 3：三足鼎立 / 53

第2部分　成为一名专业交易者，管理风险

第二章 **成功交易的关键** 　66

一、风险管理和资金管理，与成功交易有什么关系？/ 66

二、为什么风险管理和资金管理对成功交易至关重要？/ 70

三、您是谁？是交易者、投资者还是赌徒？/ 76

四、您的账户适合哪种交易方式？/ 78

第三章 **风险管理** 　84

一、如何识别出风险中的"利润杀手"？/ 84

二、按交易计划设定风险管理的重要元素 / 87

三、归根结底的问题：如何保护您的仓位免受亏损？/ 103

四、一张牌定胜负，这才是您判断最佳仓位的方法 / 109

第四章 **资金管理** 　128

一、从风险管理到资金管理：限制风险对利润有什么影响？/ 130

二、是机会还是风险？如何提高交易的质量？/ 135

第五章 **交易中的风险管理与资金管理** 　142

一、短线交易如何进行风险管理和资金管理？/ 142

二、头寸交易如何进行风险管理和资金管理？/ 146

三、波段交易如何进行风险管理和资金管理？/ 149

第3部分　从专业人士到顶级交易者：管理利润

第六章 **风险管理与资金管理之进阶** —— **156**

一、交易分析的准确性和交易次数对结果有何影响？ / 157

二、专业交易管理的四个要素 / 164

三、扬长避短：如何优化资金管理并改善交易结果？ / 172

第七章 **风险管理与资金管理之实践 2.0** —— **190**

一、追踪止损对风险管理和资金管理有什么影响？ / 191

二、交易中进场、离场如何确保增加利润？ / 202

三、如何链接不同的时间框架 / 221

第八章 **通过规划小步骤实现大目标** —— **233**

一、了解您自己及资金目标 / 234

二、如何增加您的资本基础，扩大您的交易账户？ / 236

结束语 —— **243**

第 1 部分

赫斯特通道
——神奇的分析工具

第一章

完美的暴利系统——赫斯特通道

我们对交易这件事要有一些本质的认知。首先炒股不是请客吃饭，而是真金白银地付出，尤其是很多人买一些基金的时候，自己什么都不了解，看一下过去的业绩就买了，连阿尔法值、贝塔值等信息指数都不了解，就盲目地买进去。投资者需要有详细地了解，需要对自己的真金白银负责，很多人辛苦赚来的钱，但在花钱或者是去理财的时候，却显得非常盲目，甚至很多时候并不是真正从赚钱的角度来考虑做投资。

投资者看清了大环境，进行了行情分析，但落实到每一个投资者具体的操作，投资者有没有一个成熟完整的交易系统？成熟完整的交易系统应该是什么样的？如果投资者没有一个好的交易系统，环境判断再准确都没有用，即便投资者早就看明白了方向，实际操作却不过关，因为缺乏一个可行的交易系统。

一、赫斯特与赫斯特通道

而我要讲的这个系统，它是一个什么样的系统？

可能很多人看到这一章的标题，就觉得很吸引人。每个人都渴望暴利，为什么不用一个更中性的标题，比如"获利"，实际这个系统的定位就是这样：

◆它是一个火箭科学家独特的发明创造；

◆它是一项历时 2 万电脑小时的研究成果；

◆它是一个准确率达到 90% 的预测系统；

◆它是一个月均获利达到 10% 的交易方法；

◆它是一个名满天下的通道类指标。

通过这五个描述，就能看出对它的推崇，这确实是一个好系统。

1. 一切从赚钱开始谈起

一流的交易大师都认为，一个好的交易系统，最少要具备七个要点：

第一，利润最大化的概念。比如我们去选择基金的时候，选择什么样的？一只能年化 5%，另一只能年化 10%，投资者选哪只？毫不犹豫，投资者会选择年化 10%。所以利润最大化，绝对是我们选择一个交易系统的第一个核心。

第二，要具有预测意味的股票价格运动模型。首先我们要清楚，为什么要分析？为什么要判断环境、判断股市？所有人的决策都来自对未来的预测，基金经理同样如此。对未来是怎么判断和预测的？不预测是不现实的，因为投资者的决策就是投资者的预测——投资者判断未来会跌，所以投资者会卖出；投资者判断未来会涨，所以投资者会买进。所以投资者就需要有一个具有预测意味的股票价格运动的模型。

第三，利用价格运动模型，一步步地产生"等待""买入""持有""卖出"和"保护利润"等信号的方法。

第四，如何设计自己在选择交易时所使用的指标。即便投资者在"选股""等待"都做得很好，可实际在交易的时候，参考哪些指标呢？很多人就是晚上"选股"很好，结果第二天早上起来，一冲动就买进去了，所有的方法都忘了，为什么会这样？因为缺少在实际交易过程中所参考的指标。

第五，一套完整的交易方法能解决如何选择个股，如何分析它们的交易信号，如何提高和获取保护利润的机会。

第六，应该关注宏观的因素：比如战争和金融危机，在这种环境下是否应该卖出。当然，对这种概念的理解，大多数人都是不一样的，通过战争我们发现，不管是"一战"还是"二战"，股市反而在战争最难的时候是最好的时候。这就是宏观因素对资本市场的影响，投资者会做出自己的判断。

第七，心理因素影响利润的原因，以及投资者能为此做些什么。

很多时候，投资者并不相信自己的系统，就好比手上带了个手表，一开始的时候，会反复去看它——刚才看了一眼，两点钟了；过了一会再看一眼，两点零一；过不了一会儿又想看一看……

其实大概在什么时间，投资者的心里是有数的，但是为什么反复去看呢？因为不放心，尤其是当有重要或者着急的事情，哪怕一分钟可能投资者都不想错过，这就不是系统本身的问题了，因为不管看不看它，它都在走，系统本身对市场的影响力是持续的。

虽然系统不会因为投资者看它或者不看它而发生改变，但因为心理因素，人们的感受就变成了经常看它的时候觉得时间过得很慢；而当投资者不看它的时候，又觉得时间过得很快。这就是心理因素对利润的影响。

股票也是如此，好股票天天看，套住的股票很长时间都不看，赚钱多的股票很快就把它卖掉了，亏损多的股票很晚才把它卖掉，总是买进的太早，卖出的太晚。为什么会这样？这其实不是系统的问题，而是心理的问题，投资者需要克服这种心理障碍。

总而言之，投资者要懂得：在市场中要赚钱，首先要重视交易，投资者如果不重视自己的交易系统设计，想赚钱是很难的事情。既然我们选择去投资，一切都从赚钱开始谈起，这就是避不开的话题，谈到世界上任何一位知名的投资大师，投资者关注的第一点，就是他去年或者今年赚得怎么样？标普涨了18%，他的获利有没有标普赚的钱多？有没有跑赢指数？还是利润比原来更少了……

评价任何一位投资人或者一项投资，投资者最终都将从赚钱这个角度开始谈起，怎么才能获利。如果投资者做投资不为了赚钱，为什么要进行投资？

2. 暴利是神话还是笑话

做任何事情，目的是最重要的，既然要从赚钱开始谈起，但是赚钱这件事本身却没有投资者想象得那么简单。那我们就从一个话题谈起，暴利到底是神话还是笑话？在最短的时间内赚更多的钱，且没有上限，这是每个投资者都梦寐以求的，但在现实生活中，经常出现的事实却是在最短的时间亏损更多的钱。

为什么达不到投资者想要的那种暴利，我们举一个例子，简单地聊聊如何提高投资者的盈利成绩。

1万美元的投资，能在一年以内变成100万美元吗？如果用这个话题问每一个投资者，别人都觉得问这个问题的人是不是有病。1万美元在一年之内变成100万美元，简直是天方夜谭，一说就觉得可笑至极。

每一个投资者当然希望1万美元能变成100万美元，甚至每个人都想做到。但是一年以内实现有可能吗？可能绝大多数投资者都会觉得没有可能性。

一年以内不太可能，那么五年呢？好像觉得差不多，很有可能实现。

如果能实现，那么风险是什么呢？怎么才能做到？

首先我们可以肯定地回答，在股票市场，如此美妙的结果是可能的，也就是说股票市场是存在这种可能性的，如果不存在，就不会有那么多的投资者。

投资者经常能在网上搜到一堆游资，其实游资们原来也是普通散户，以10万元、8万元起家，甚至以两三万元起家，那他们怎么做到的短期内暴利的？因为在这个市场中，是存在这种可能性。

我们要有一个认识：认识股票市场本身存在魔力，因为存在可能性，投资者才可能做到；没有这种可能性，投资者再努力也没有用。

在股市中，个股波动是非常大的，在一年之内1万美元变成100万美元，股市完全可以做到这一点，甚至达到更多，五年更是可以。

如果按照每月10%的平均收益，以这种比例进行复利，那么在50个月以内，1万美元变成100万美元，相当于用了四年多一点时间。

看到这里，很多人可能会想，这怎么可能做得到呢？我们继续往下看。

有个朋友，他一个月盈利10%，如果每次交易的盈利不是10%，而是8.9%，但每次交易持续的持仓时间，现在变成9.7天，也就是10天盈利8.9%。以这样的收益结果持续下去，他就能在15个月内实现1万美元变成100万美元。

如果在市场中，这样的结果的确能实现，为什么不是每个人都这么做呢？

3. 暴利为什么总是与大多数人无缘？

读者们看完刚才的例子，可能也想问，为什么是8.9%，又为什么是9.7天呢？这就是我们这一章要讲的交易系统实际交易的结果，它有着真实的交易记录，实现了每次交易盈利8.9%，每次持股的时间是9.7天，并这样持续了15个月，然后1万美元变成100万美元。

这到底是天方夜谭还是真实案例？如果是真实例子，为什么不是每个人都可以这么做？因为要想达到这样的结果，需要有四个条件：

◆艰苦地研究；

◆相关的知识；

◆成熟的心智；

◆反复地实践。

1万美元变成100万美元，当然是很美好的。但投资者要看看这四个条件自己具备了哪些？所以，当有人要实现这个目的时，就需要时间和做大量的研究。大多数的投资者、外行和专家，都不具备所需要的这种分析经验，他们喜欢听从小道的消息、媒体的报道和投资谚语，比如鸡蛋不能放在同一个篮子里，低买高卖，追涨杀跌，等等。他们需要转向获知股票价格为何改变，大多数的人，甚至是专家，他们都不了解，也不具备这种研究，更不具备这种实践。

最后一点，即使有了这些知识，在成功所必需的情绪与理智的平衡方面，许多投资者仍然还是缺乏训练。

如果投资者根本满足不了上述的四个条件，那么前面讲到从1万美元变成100万美元，是不是就和投资者产生很大的距离？这就是为什么暴利总和大多数投资者无缘。

4. 影响股价波动的 X 诱因

投资者如果想要去分析未来的股价走势，想要出现暴利，出现获利，就需要了解最根本的一个问题：股票为什么会波动？

如果投资者不明白个中缘由，不明白出现股价波动的机理，想要获利，想去分析，想对它判断，都是枉然。

首先，在经过大量的统计以后发现，影响股价的就是投资者的决策过程。

那又是什么在影响投资者的决策过程？首先是基本面的因素，再有一些没有逻辑的随机因素，还有 X 诱因——这是我们要讲的这个交易系统所定义的。

X诱因是什么？不管是什么原因，总之就是那些非理性、非理智、不明所以的原因。我们对这些动机自己都不知道怎么搞错了，可能是敲错了代码结果买入，也可能是填错了单子而买入，还有可能是断电和死机了，对于这样的原因，要怎么理解？是随机的吗？不能说是完全随机，但又确实是因人为操作而失误，一个人的一次失误可能会影响一只股票一天的走势，甚至是出现一些乌龙指事件。X诱因在市场中所占的比例还是非常高的。

但不管是哪方面的影响，最终实际中影响到投资者的，就是它变成了投资者的决策——情绪、基本面等方面，最终影响的是投资者的决策过程。决策以后大家就开始交易，在实际交易中买进还是卖出。实际交易机制产生的买进卖出，就影响了股价的波动。

当然这里还有很多的影响因素，例如货币供应、战争、操控、突发消息、心理、制度等，都算是X诱因里的其中一部分，从而影响到股价的波动。

所以我们想要判断股价未来涨到哪、跌到哪儿，想知道股价波动的趋势性，这是一个挺难的过程。因为这不是简单分析了交易机制就可以做到的，还需要知道产生它的原因是什么，清楚投资者为什么做这种决策。投资者需要对随机、X诱因和基本面所占的概率做精准地分析。

5. 周而复始，期而轮回

通过研究以后发现，无论是什么原因造成的股价波动，始终有一种力量在控制着它，这种控制力量到底是什么呢？是周期。

不管是 X 诱因、基本面，还是随机，就像花到季节自然会开，这是人为产生的吗？并不是，这不是由谁去做出来的，而是到了那个时间点。

周而复始，期而轮回，只有轮回是永恒，不断周而复始、新陈代谢，这才是影响资本市场看不见的手。在这一切的背后都遵循了一个共同的影响，这个影响是最大的，这就是周期。

周期到底对股市交易、对价格波动有什么样的影响？如何利用周期建立一个交易系统？

我们来介绍一个人，也是我们前文讲到的交易系统的发明人——詹姆斯·赫斯特，有很多人将赫斯特翻译成了薛斯。

詹姆斯·赫斯特是一位加州火箭科学家，在 1970 年得到投资者的赞助后，他租用计算机主机使用时间，只为了去分析和回答一个基本问题股票市场中是否存在循环周期影响因素？在历经 2 万电脑小时研究之后，赫斯特把部分的研究结果以书的方式公布于众，这就是循环周期理论分析的经典之作——《准确买卖股票的获利秘诀》。赫斯特也被称为"现代循环分析之父"。

这本书在中国没有中文版，由赫斯特这位火箭科学家所撰写，投资者可以想象，这本书很难看懂，很晦涩，使用了大量的数学公式。

不管是前文我们讲到的暴利，还是讲到的影响股价变动的诱因，这些都来自他的书。他在书中告诉我们，怎样才能做出一个暴利系统，怎么分析影响股价波动的根本原因，他的结论是：周期是最重要的（由舵手图书策划、山西人民出版社出版的《三角洲理论》，也是讲周期与预测的——编著注）。

只要我们发现了周期，一旦被发现，周期是不会改变的。所以现在如果是一个火箭科学家来告诉投资者这些内容，投资者还会觉得这些暴利，或者说快速地获利是不现实的吗？可能您的信任感会有所增强。

接下来我们来看看，赫斯特带给我们的致富四部曲是什么？赫斯特认为，想要致富，想要通过投资来赚钱，需要具备四点：

（1）一种利润最大化的投资原理。之前我们就说过，不管是投资基金还是买股票，我们一定要追求利润最大化，一只基金一年赚 11%，另一只一年赚 12%，投资者肯定是买那只 12% 的。

（2）快速而直接的个股选择。投资者如何才能快速选出一只理想的股票。

（3）快速而直接的交易时机分析。再好的股票都有下跌的时候，再不好的股票也都有上涨的时候，交易时机特别重要，股票没有好坏之分，只有时机对不对，什么时候买入很重要。

（4）精确而及时的股票价格追踪。投资者如何跟踪股票的价格，保证在涨的时候持有，跌的时候卖出，怎么样去做多，怎么样去做空。

经过这位火箭科学家的研究，得出的结果是什么呢？就是我们在本章节前面讲到的，这就是他最终所得到的成果。

◆一个火箭科学家独特的发明创造；

◆一项历时 2 万电脑小时的研究成果；

◆一个准确率达到 90% 的预测系统；

◆一个月均获利达到 10% 的交易方法；

◆一个名满天下的通道类指标。

图 1-1：詹姆斯·赫斯特

对国内投资者而言，这个人是非常神秘的，在国内有那么多人知道他的成果，结果甚至连他的照片都找不到。除了在他的书里，我们也只能考究到他的这唯一的一张照片。

6. 冰山背后的一角

首先我们来说说对这个人的翻译，如果按照正常的翻译，他的名字就是詹姆斯·赫斯特，怎么就会翻译成薛斯了呢？

因为目前中国最早翻译他的书籍，是 1994 年在许沂光出版的一本书里讲到风险投资的一些基本准则，他第一次向中国人介绍赫斯特这个人以及赫斯特通道。许沂光将他的名字翻译成了 J·M. 薛斯，所以从那时起，大家所知晓的就是薛斯及薛斯通道。

我们来对这位火箭科学家做一个详细介绍：

詹姆斯·赫斯特是一位美国工程师、火箭科学家，曾就读于堪萨斯州立大学、布朗大学和华盛顿大学，主修物理学和数学。他是第一个利用现代计算机（当时在 20 世纪六七十年代，计算机还很稀缺）来研究金融市场周期的研究员，被许多当代市场技术分析人员称为"现代循环分析之父"。

他在航空航天工程领域工作了 25 年（他的身份一直都很保密），为一个关于反潜战的有趣项目提供了电子系统设计，研究从水下通信的时间序列中提取信息的计算机技术，以及空间和导弹系统分析的许多方面的经验。

他特别喜欢利用计算机做研究统计，但他的注意力第一次被吸引到股票市场是在 1960 年，从那时起，他就经历了传统投资技巧的"挑战"，从基于基本面的长期投资，到技术面的图表分析方法，再到日内交易。20 世纪 70 年代初，当他第一次通过他的经典著作《准确买卖股票的获利秘诀》介绍他的概念时，他很快在全国各地的市场技术人员中培养了一批忠实的追随者，他们渴望学习他的技术，应用他的原理。

迄今为止，赫斯特虽然已经去世，但是他的影响力还是非常大，网站还在运营，他的学生成立了自己的集团。

二、赫斯特的投资信条

当经历了 2 万电脑小时的深入研究，赫斯特找出一套准确性达 90% 以上的预测系统，该系统每月平均可以获利 10%。赫斯特的投资观念认为，有风要驶到尽，赚钱要赚到尽。

他的投资观念和我们常规的理解是不一样的，有风要驶到尽，这是一个大白话，我们老百姓经常说"有风驶到尽，无风潜海底"，也就是当机会来临的时候，风口突然来了，投资者应该怎么办？把帆撑得足够大，借助整个风驶到尽头；当没有风的时候，帆船怎么推动？潜海底。很明显，当有机会来的时候，以最大的努力抓住这个机会，当没有机会的时候，潜着不动，这就是赫斯特的理念。

什么是"赚钱赚到尽"？买股票要赚到头，不要没到头就把它卖了，尽可能持续地赚到最多。因为他是一个火箭专家，他的思考都是理科生的思考，怎么能在最小范围内，以最大的概率、最短的时间赚取更多的钱。他的思考就是投资的本质到底是什么，怎么才能提高收益。这和常规的基本面理解不一样，研究了很久的基本面发现没赚钱，直到他用自己研究的系统，才真正在股票中实现了这种暴利。

赫斯特进行交易买卖的基本信条如下：

◆顺势多作短线买卖，不宜长线投资。

只看这一条，就能发现他和我们很多人的投资理念都不一样，当市场有趋势、有机会的时候，顺势要多做短线买卖，在大趋势中把握每次小的波峰与波谷，而不是长期持有，否则投资者赚不到更多的钱。

◆每次买卖均应以全部资本 100% 投入市场（满仓）。

这一条更是让很多人大跌眼镜，因为很多人进行资金管理的时候，怎么控制风险？没有人会将资本全部都砸下去，即将所有鸡蛋放在一个篮子里。但赫斯特告诉投资者，每次买卖都是满仓买进、满仓卖出，很有冲击力。

◆每次买卖均应寻求最高的盈利率。

赫斯特的买卖交易中，买卖多少股，什么时候止损，都是有公式的，他之所以敢满仓买卖，是因为他已经设计了具体的模型，有依据，有自己的交易系统，并不是像普通散户一样盲目地满仓买卖——当股市有行情的时候，散户也是 100% 满仓买卖，甚至账户里只剩 200 元时，都恨不得买个 ST 的股票。

所以每次买卖时，当一个股票可能给投资者赚 5%，另一个股票可以赚 10%，投资者肯定要毫不犹豫地卖掉 5% 的股票，去赚 10%，这就是去寻求最高的盈利率。

赫斯特坚信，非凡的回报属于勤劳的研究者，首先投资者要为股市投入更多的时间和精力，精力在哪里，收益就在哪里。没有刻苦地研究，不愿意为这个股市投入精力，想不费劲就发财，随便买个基金，让别人帮自己理财就能发财，随便学点，把钱扔到股市里就能发财，天底下有这种好事吗？

赫斯特的暴利交易系统到底是什么样的，它背后的逻辑又是什么样的呢？

在赫斯特的书中，他举了一些例子，首先在书的开篇，就是阿洛依公司的股票周线走势图（图 1-2），在这个走势图里，图的范围是从 12 美元涨到 49 美元，时间大概是一年，涨势很棒。

同样一只股票，第一种方式：假设投资者有 1 万美元，并且他足够聪明，在 1966 年 11 月在 A 点以 12 美元买入做多这只股票，持有它到 1967 年 12 月的最高位置 J 点，以 49 美元把它卖掉；并且以同样的价格做空，在 1968 年 3 月在 K 点又以 32 美元平空。

图 1-2：阿洛依公司股票周线走势（1966—1967 年）

按照这种理想的交易规则（实际是达不到的），投资者将在 70 周以内，将 1 万美元变成了 4.4 万美元，一年多做了 4 倍的盈利，达到每年 333% 的收益率。

这听起来是不是很妙？

还是这张图，我们再来看第二种方式：假设投资者在 A 点以 12 美元买入做多，然后在 F 点以 39 美元把它卖出，卖出以后做空，到 G 点又做多，到 J 点做空，最后在 K 点平空，利润又如何呢？原来投资者第一种方式一年多只操作了两组，最低点买入，最高点卖出，算一组；卖出以后做空，又在相对低点平仓，算一组。在第二种方式中，由两组买卖变成四组买卖，8 次交易。当扣除所有的交易成本以后，第二种方式，投资者的 1 万美元变成多少了？变成 7.5 万美元，而不是 4.4 万美元，几乎是翻了 1 倍。这种方式，对投资者来说，投资收益率变成了一年 562%（前一种是 333%）。聪明的投资者发现一个问题：股票没变，走势没变，投资人没变，但投资次数由原来一年两组交易，变成一年四组交易，虽然外部都没什么变化，只在适当位置增加了交易次数，投资的结果就发生了很大改变。

那么继续来看，如果我们更进一步，投资者在 A 点开始买入，然后在 B 点卖出同时做空；之后投资者在 C 点平空，再次买入做多；然后到 D 点卖出再次做空，在 E 点平空，再次买入做多；然后在 F 点卖出，同时做空……以同样的方式多次进行，直至 K 点平空，每个重点关键点都进行了交易。

上面这一系列操作，投资者在这一年多交易了多少次呢？不是两组，也不是四组，而是十组 20 次交易。那么这一次，投资者赚到的是 29 万美元，年化收益率是多少？大约在 2150%！

当然，这是理论上的复盘，人不可能每次都踩得这么准。让我们来总结一下，这种交易方式说明了什么？

在相同的时间段内交易同一只股票，假定交易实际选择的规则是相同的。在一年多时间内，我们可以看到两组交易收益率是 333%，四组交易收益率是 562%，十组交易收益率是 2150%。

这个道理太简单了，每个人都懂，如果投资者每次都对了，交易的次数多，当然赚得更多。但是让我们感到惊讶的是，结果差距太大了！一个是 333%，一个是 2150%。这说明，第一，要让投资者知道复利；第二，三个人去做同样一只股票，可能一个人一年做到了 3 倍，觉得挺美的，第二个人做到了 5 倍，第三个人做到了 21 倍。同样的股票获得的结果是不一样的，哪怕他们都属于聪明绝顶，并且每次都不会做错的。

所以赫斯特就发现，要想提高收益，如何在最短的时间内，发挥出资本最大的收益，这才是投资最重要的策略，而不是买一只股票长期持有不动，通过他的理念看清楚了投资的本质。基于这个道理，他就发明了赫斯特通道。

三、神奇的赫斯特通道

对于赫斯特通道，虽然国内有很多人听说过，但真正了解它的投资者非常少。赫斯特通道的原理是什么，怎么做出来的，赫斯特其实是一个周期专家，但是大家了解后却把它变成一个像布林线一样的指标，对它的功效和神奇作用进行的理解只是冰山一角。

赫斯特通道的理论逻辑到底是什么呢？当我们建立一个定宽的通道时，股价在其中波动。为什么会出现 M 头，为什么会出现头肩顶，又为什么会出现 W 底？我们表面看到的是股价上下波动，而在股价波动的背后其实际本质是什么呢？是周期性有规律地波动。

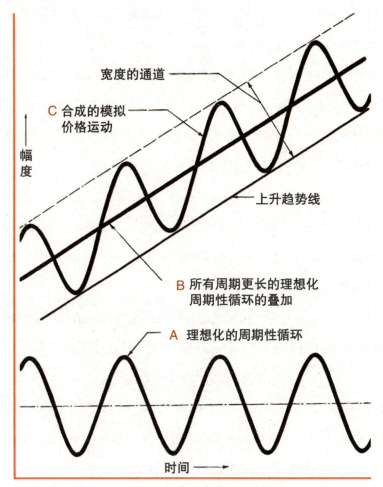

宽度的通道

C 合成的模拟
价格运动

幅度

上升趋势线

B 所有周期更长的理想化
周期性循环的叠加

A 理想化的周期性循环

时间

图 1-3：赫斯特通道有规律地波动

为了更清楚地解释这一点，投资者可以将图 1-3 打印到一张纸上，然后找到它的周期——把这张图折成条，平均折成四等份，把折出的四等份拆开再看，股票就不再是无规则的走势，而是不断地重复。

就像我们每个自然日，一天天地看，看不出规律；但当我们一年年看过去，发现在一年下来的规律，有春、夏、秋、冬四季的变化，到了什么季节，就会产生什么样的变化，虽不是每年都一模一样的时间点，但是每个季节大概的温度、转化都遵循着这种周期。

资本市场的波动不是无规则的，而是在周期指引下的波动，并且利用周期可以预测出股价的未来走势，判断出未来涨到什么时间、什么价格。赫斯特对自己的交易模型的设计，是当买进一只股票时，什么时间买入，什么价格卖出，都是提前设定好的。

比如根据图 1-3，这张图的周期里，根据公式，如果上一波整个涨幅是 15%，当投资者在一个周期的低点开始买入的时候，那么未来就应该在等同的时间内把它卖掉，这样操作所承担的风险就是可能会提前到头或提前到尾的问题，这就会产生一个偏差值。

怎么来定义偏差值？实际的走势和我们预算的走势有区别的时候，无非是赚多和赚少的问题，根据这样的方法设计出了上升通道。

实际上，如果把它原本的内容翻译过来，不应该叫"通道"，因为原文中的用词是 Channel，早期翻译是直译过来的，实际应该翻译成"包络线"更为贴切——所有的小通道里应该基本上包含所有股价的波动，它的计算原理也不像我们现在学习的这么简单。

当我们学会了赫斯特通道，投资者就会看到，它的最大作用在于预测，而不只是买卖，因为周期是固定的，它可以看到未来。就像赫斯特通道在图 1-4 中，可以给投资者标出 1、2、3、4、5，标出的这些数字是什么？这就是周期所触碰的时间，触碰到这些点的时间几乎都是相同的。

未来的走势是一定的，只不过周期有早有晚，就像每年的季节和节气是一样的，清明前后种瓜种豆，到了那个时候就知道，时间前后差不多了。当然也有人说，前后差了一两天怎么办？没关系，因为周期都是

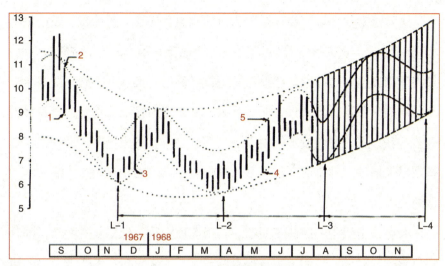

图 1-4: 赫斯特通道的时间周期

在一个区域内。

赫斯特的方法在世界范围内引起了很大的关注，包括英国有一位科学家，写了很多篇论文来解释赫斯特的周期理论，国外也有很多相关网站和单独成立的公司，甚至在英国还有很多基金经理，甚至是超级投资者和管理着 1 亿美元资产的交易员，在选择时机和选择决策的时候，唯一用的方法就是赫斯特的理论，这些在书籍里都有明确的介绍。

根据赫斯特的周期理论，投资者一旦知道波的三个基本参数，就可以用包括未来在内的所有可能的时间值，来确定未来波的值。正是价格波动理论的这一要素，暗示了对未来价格运动的可预测性。未来什么时间涨到什么价格，什么时间把它卖掉，将成为一定的事情。

所以在选股的时候该怎么选？如果投资者发现一只股票的波的周期是 5 天可以涨 10%，而另外一只股票，同样是 5 天，却可以涨 15%，那么 5 天上涨 15% 的股票就应该是我们的首选。因此，选股的时候将有所依靠。

这就是为什么说，要在最短的时间赚更多的钱，无论是选股还是买卖，都是如此。它的特点就在于，不管影响股市的基本面的情况有多少种，最终股市遵循的是周期。这就好比不管您种地的技术好不好，最终影响产量的最大因素还是天气，而实际上，如果您的种地技术好，那就会多一些收获；您的种地技术如果不好，那就会收获得少一些。但如果您选择在冬天播种，种子连芽都不发。股市遵循的规则和我们在生活中所遵循的规则是一样的。

专业人士眼中的赫斯特通道，有用而且实用，他们研究颇丰，国外的科学家针对赫斯特通道写过很多篇论文，如果有投资者精通英文，可以到国外的网站上去查阅。那么在普通人的眼中，赫斯特通道又是什么样子的呢？

股价通道理论是西方证券分析中应用较多、较为成熟的理论，20世纪70年代美国人赫斯特最早建立这一理论。因此，股价通道理论又称为"赫斯特通道"。赫斯特本人曾是从事火箭控制的研究人员，他以股票价格运动为对象，引入数学和工程学的概念和方法进行分析，使其理论独具特色。所以最早赫斯特通道是用来统计周期、判断未来走势的一种方法，只不过现在大家使用的时候，只把它当作一个很普通的指标。

赫斯特通道建立于赫斯特的循环理论基础上，属于中短线指标。在赫斯特通道中，包括两组通道指标，分别是长期大通道指标和短期小通道指标。股价实际上是短期小通道被长期大通道包裹中上下运行，基本买卖策略是当短期小通道接近长期大通道时，预示着趋势的近期反转。在上沿接近时趋势向下反转，可捕捉短期卖点。在下沿接近时趋势向上反转，可捕捉短期买点。研究这个方法可以在每一波行情中成功地逃顶和捉底，寻求最大限度地盈利。

以上这些内容，都是我们在国内网站能查阅到的赫斯特通道的一些用法，由此可以看出，国内更多还是把它当作一个指标来使用。虽然赫斯特通道的内容很神秘，但是大家对它的理解和认识都来自最早的翻译，1994 年许沂光在其书籍中通过一章的内容，大概介绍了赫斯特理论的一些概念，到目前为止，都没有赫斯特理论相关著作的中文版。

如果我们去仔细搜索，除了能搜索到赫斯特通道的一些概念，还有其运用的一些法则，包括赫斯特通道的买卖十六招（这是由两个人合著的一本书），这本书里也只不过是把它当作一个指标。您还能搜索到的，就是赫斯特通道的实战用法，百度百科上可以看到六招，而这些实战用法，是 2005 年我（本书作者之一孙国生）在上海讲课时讲到的，至今已经 19 年了，现在被收录到 MBA 百科。

我在查阅一些视频资料时，看到国外网站中，有一个人在讲赫斯特通道，他觉得赫斯特通道很神奇，运用最广的实战方法就是六招，结果我发现，这六招和我讲的书一模一样，并且名字都没有改动过，视频里的内容更是一模一样。

实际上我对赫斯特通道的实战用法总结是十招，但是传出去的只有六招，当时不知道是谁传播出去的，内容不全面，所以对赫斯特理论的理解也不够深刻。多年后投资者再去网站上搜索，能搜到的内容还是这六招。由此可见，大多数人对于赫斯特通道的理解非常片面，因为看过原版英文书籍中内容的人很少，甚至可以说，哪怕有翻译了中文版书籍，投资者看得懂的人依然很少，因为其中涉及了大量的计算和数学公式，即便有人能看得懂，但如何进行运用都将成为问题。

四、赫斯特通道的介绍及用法

赫斯特通道说起来既复杂又简单，就看从哪个角度理解。它是由一个大通道和很多小通道运行构成的。赫斯特认为，股票有大周期和小周期，一般基准的周期（图1-5），大周期最大的是9年，中期的是9个月，小的周期我们平常使用的是13周（3个月，本书使用的时间多表示交易日的周期）。

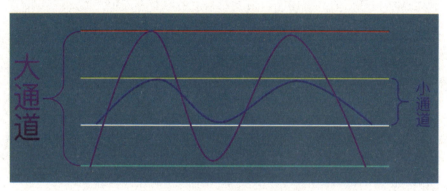

图1-5：赫斯特通道三种周期

在短线中，赫斯特通道又有一个系统，这个系统里所讲到的大通道一般都是在13周和26周（3个月和6个月）。在这样的一个大通道里开始运行，到低点的时候就是起点，也就是触到大通道的下轨，意味着长期上涨的开始。上涨多长时间呢？最少是13周。当触到大道的上轨时，那么就要注意，要下跌了。跌多长时间呢？也是13周以上。

在大部分情况下，股价是只停留在小通道里上下波动，和大通道关系不大。作为投资者，要做的就是低点买进，高点卖出。根据这样的理论，算出不同的周期，再根据周期的表现，算出未来的股价运行规则。

如图1-6，红色的线和青色的线表示大通道，白色的线和黄色的线表示小通道。大通道上面的这条红线叫作大上轨，表示大通道的上轨，下面这条青线叫作大下轨，小通道的上轨叫作小上轨，小通道的下轨叫作小下轨。投资者先把这些基础的名词记住。之所以有大、小通道之分，是和大小周期相关。

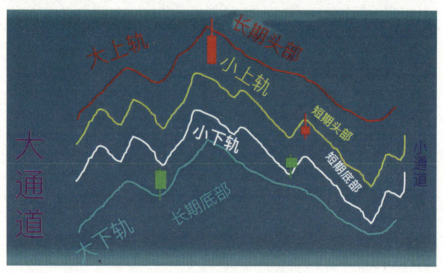

图1-6：大通道与小通道

当股价触到大通道的上轨时，就意味着长期头部的来临；触到大通道的下轨，且后期大通道向上反转时，说明长期底部的来临。如果不反转，说明周期没有转折，只是触到大下轨是没有用的。当股价运行到短期通道的上轨，且短期通道向下转折，意味着短期的头部。

一般碰到小通道的上轨以后，会跌多长时间呢？赫斯特给出的标准答复是 1.625 周，大概在 8 个交易日，这是它的周期。那么下一个买点在哪里？再等 8 个交易日以后出现转折的时候，说明一个新的周期开始了。

赫斯特通道除了能看到支撑、压力、买卖，还可以看到方向，也就是趋势。

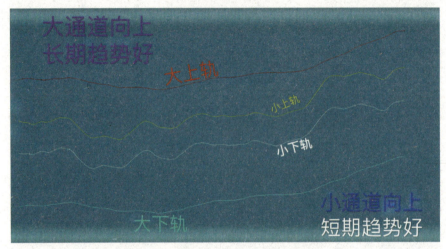

图 1-7：大通道与小通道的趋势循环

大通道向上，代表长期趋势向好；大通道向上反转，就意味着有 13 周以上的上涨开始了，3 个月的上涨就产生了。当然还有可能是 26 周的持续性时间。小通道往往代表的是短期之内的反转，每一次转折都代表着 8 个交易日一个循环。

那么股价实际上是怎么运行的呢？虽然简单，但是从未过时。

我们以 A 股大盘为例，投资者就可以看到，普通沪市大盘的走势几乎都在小通道内开始运行，在小通道里触到低点，然后再触到高点。

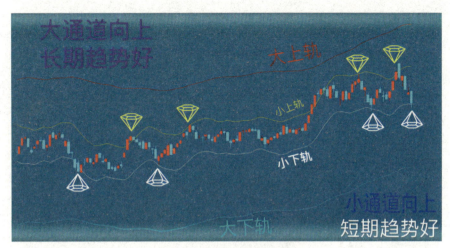

图 1-8：高低点买卖策略

赫斯特通道和普通的通道线相比，最大的区别是什么？

赫斯特是研究周期的，而不是简单地看上下轨，因此投资者一定要知道，小通道一旦发生反转，那就意味着 8 个交易日的走势开始了。如果小通道开始向下转折，那么 8 个交易日的调整就是下跌，并且这 8 个交易日是一直周而复始的——触到高位，就知道有 8 个交易日以上的下跌；触到低点，就知道有 8 个交易日以上的上涨。

所以实际中最简单的操作，就是触到上轨和下轨，往往意味着一个小周期的结束，另外一个小周期的开始，并且周期和周期之间有八大原理。这里我们不展开讲，但是投资者一定要记住：等同时间原理。比如一个周期结束了，前面是涨了 8 个交易日，跌了 5 个交易日，后面也会再涨 8 个交易日，跌 5 个交易日，它的周期基本是不变的。就像一个月 30 天或者 31 天这点区别，但是都在 30 天左右，这个是不变的。

因此我们通过大盘的走势，去看高低点的买卖，读者朋友们觉得赫斯特通道对于现在而言，过时了吗？并没有，现在仍然是符合运行规则。

再运用到深证成指，我们看到也是一样的，如图 1-9 所示。

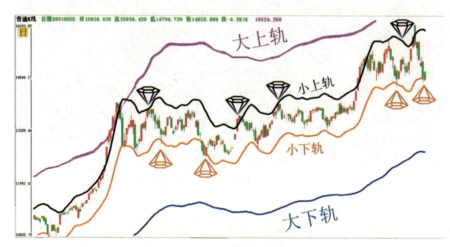

图 1-9：深证成指的周期规律

在深证成指中，出现大的头部，触到了大通道上轨，意味着中长期的走势要开始调整走跌，跌多长时间呢？4 个月，从 7 月开始，正常应该要到 11 月，持续跌 4 个月以上。调整完了以后就意味着，之后会再涨 4 个月，依次循环，产生一个个这样的循环波。

通过上证指数和深证成指的走势，我们可以看到，有很多的规律。

首先投资者在研究这个指标的时候，除了这种触到上轨和下轨，以及支撑压力的规律以外，最主要看它的周期。以上证指数大盘为例，投资者可以发现这些周期的转折点是非常明显的，从低点拐弯上涨，然后再跌下来，是不是就像一个个的波一样在运行呢？

在运行的过程中，往往都是等同的。比如说投资者看这个波，从产生低点，到一个波的结束点，两个低点之间多长时间呢？48 个交易日（约

66 天，不含长期），所以每过 48 个交易日左右，都是一个转折点。

需要强调，赫斯特是研究周期的，在他的周期理论里，投资者不要管股价是怎么波动的，因为股价的高低点会在两个波之间不断地重复出现。上证指数从一个低点到第二个低点之间的时间是 48 个交易日，那从一个低点到区间内高点就是 24 个交易日，相当于一个月多几天。

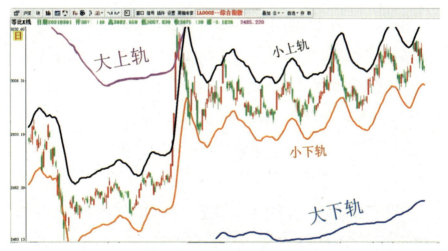

图 1-10：上证指数波动规律

通过这种股价的波动，我们还可以看到什么？

当股价由下跌开始转折上涨的时候，投资者是否发现，两个波的相似度非常高，时间段也很长。当小通道开始转折的时候，我们的第一反应是 8 个交易日以上的上涨，从转折的位置开始数 8 个交易日，8 个交易日之后投资者就要知道，即将到头了，一个小的循环又要开始了，接下来再是 8 个交易日，以此开始周而复始。

这就是通过股价波动，我们能发现的一些规律。我们既可以通过赫斯特通道来看到买卖，也可以用它来看到周期。如果普通的投资者现在还没有研究得很深入，只要看到它的买卖应用就可以。

五、赫斯特通道实战用法1：一石二鸟

为什么叫一石二鸟呢？因为在整个快速获利系统里，第一个用法就是大周期转折的起始点，出现这样的转折以后，除了获利的速度比较快，时间比较短，幅度也是比较大的。关键在于，投资者还可以参考前一段时间的下跌波幅，周期是一定的，所以波幅就能看得到。

在这四个通道里，每个投资者一定要先记住其中的名词：大通道、小通道、大上轨、大下轨、小上轨、小下轨。

所谓的一石二鸟，就是在小下轨和大下轨之间的一根K线，这样的K线会给出明确的信号，可能要出现重大的转折。

这个重大的转折意味着什么呢？小通道和大通道都到了一个大周期的结束点，开始新的大周期上涨。

如果我们发现后期先是小通道向上转折，再是大通道向上转折，那么这样的走势就意味着未来会有13周以上的上涨，投资者最少可以持有13周。

那么幅度将会是多大呢？前面如果是触到了大上轨，那么未来也会触到大上轨，赫斯特通道从下轨和上轨之间的距离都是非常大的，如果大通道是向上的，速度又跟得上，触到大上轨空间就会变得更大。

背景解析：股价经过13周的下跌或调整，临近多重周期共振点，

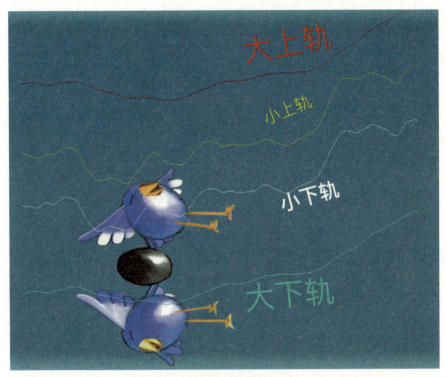

图 1-11：一石二鸟的战法

在 13 周新循环趋势的起点，走势上出现大量恐慌盘抛售手中筹码，股价快速杀跌，此时会容易出现物极必反走势。

形态解析：下跌趋势中，一根长阴线或同时击穿小下轨和大下轨，可在收阳后买进，收阳日的最低价为止损价。

如果投资者不懂得如何分析，就严格按照它执行即可。如果投资者懂得分析，发现小通道开始转折，那意味着涨 8 个交易日以上；如果发现大通道也转折了，那么所有的下跌都不用担心，可能会持续较长时间的上涨。

操作说明：出现此形态后收阳日买入。小通道向上转折代表趋势反转。反转后持续周期一般为4个月（约90个交易日）。

注意事项：小下轨不能下穿大下轨。说明整个趋势处在转折的位置，而不是持续过程中。破双轨的阴阳线力度越大越好，所以要关注通道下行力度。

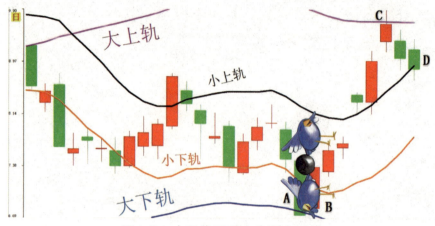

图 1-12：大阴线同时击穿两个下轨

如图1-12，可以看到这一股价的走势中，大通道向下，小通道也向下，已经持续了很长时间，下跌已经持续了13周以上，说明下跌的时间足够多。只有下跌的周期结束了，才有可能出现上涨的周期。

当出现这样的走势，突然有一天出来这么一根K线走势，如A点所示，一根阴线同时击穿了两个下轨，标准的要求是实体击穿，而在实际操作过程中，如果是影线跌破，也算是一根K线突破两个下轨。

突然出现了股价的这种加速，本身从价格分析上来说就是转折的位置，又同时击穿了周期通道的两个下轨，那就意味着后续可能是一个长周期大幅度上涨的开始。

所以在这种环境下，投资者应该怎么办呢？收阳日买入，如 B 点所示，第二天出现这么一根 K 线走势以后，收阳线就意味着转折要开始了，股价开始出现上涨。

涨了两天以后，小通道已经开始转折向上，意味着最少上涨 8 个交易日，从这一天（B 点）开始数，7 到 8 个交易日以上的上涨之后，投资者再考虑把它卖掉。

但是，到 C 点这个位置的时候，还没到 8 个交易日，股价就触到了上轨，这就应该是理论上的空间，或者投资者就从低点到高点持股 8 个交易日，最后在 D 点卖掉。卖掉以后接下来再有 8 个交易日的调整，之后一个新的 8 个交易日又开始了。再或者是股价再次触到小通道下轨，投资者可以继续买入。

这种走势就叫一石二鸟。

可能也会有读者在分析时会有疑问：未来这个股票跌下来以后还能买入吗？那我们要看现在大通道是怎样的，向上还是向下？如果大通道已经向上，说明这是一个大周期的起点，而不是一个简单的短期内的买卖点。

这就是我们刚才分析的股票（理邦仪器），如图 1-13 所示，2021 年 2 月 5 日股价从 15.24 元下跌至 13.39 元，跌幅 12.25%，当日向下击穿短期下通道和长期下通道。2 月 8 日从 1 处又出现了快速上涨，在 6 个交易日内到 2 处，股价从 13.46 元涨至 18.89 元，涨幅达 40.34%。关键是它代表着长期走势的反转，而不是一个短期的行为。

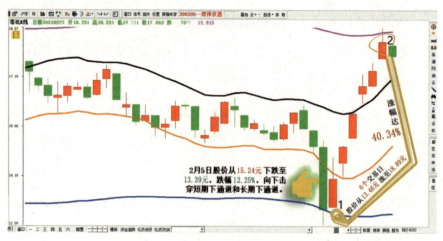

图 1-13：理邦仪器的下跌和上涨走势

我们首先熟悉了这种规则，之后再看它的特点：持续下跌的时间足够长，持续 13 周以上，在一路下跌以后，出现一根阴线同时击穿了两个下轨。

看到这种现象，投资者如何操作：

第一，就是在收阳日买入；

第二，涨到哪里呢？上轨的位置；

第三，什么时候开始转折？从小通道开始转折向上；

第四，在哪里反转？从小通道转折后开始数 6 个交易日，那是它可能要发生反转的位置。

如果 6 个交易日以后，小通道还是持续性上涨，那就是新的 6 个交易日开始了，投资者要做的就是按照 6 个交易日数数就可以了。

再看鹏欣资源 2021 年的案例，如图 1-14 所示，依然满足这一规律。

股价走到 A 点的位置，之后收阳日买入，6 个交易日内，股价从 3.53 元涨至 B 点的 4.44 元，涨幅达 25.78%，关键是时间非常短。

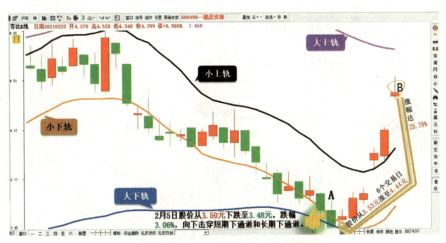

图 1-14: 鹏欣资源 6 个交易日涨势

对于普通的交易者来说，如果害怕做不好，就要严格执行规则：首先，在收阳日买入；买入以后，这根阳线的最低价就是止损价，如果后期走势的收盘价跌破了收阳日的最低价，投资者就要把它卖掉。

按此规则，投资者的亏损是非常有限的，而获利则是很大的，并且时间还很短，因为当股票出现这种剧烈下跌时，往往主力会脱离成本去快速拉升，因此涨幅是最快的。所以这个方法在实际运用过程中，使用效果是很好的。

所以再次强调，投资者首先需要把各条线弄清楚。

当然在使用中，投资者还要注意其中的区别，如图 1-15 所示。

在图 1-15 的盛屯矿业中，我们看到 A 点一根阴线跌破两个下轨，之后第二天收阳，到了第三天小通道开始转折，从小通道转折这一天开始，往后数 6 个交易日，到那个位置理论上应该下跌，投资者应该把它卖掉；然后下一个周期如果是下跌的，就会跌 6 个交易日，以后再进入一个 6 个交易日的上涨。投资者要参考前面的周期，以此类推。

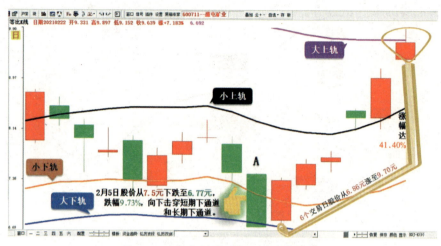

图 1-15：盛屯矿业大阴之后的反转

　　如果发现大通道开始向上转折，那往往意味着大趋势发生反转。

　　在我们实际的操作过程中，如果买入的位置足够低，股价涨得又足够快，投资者就可以在最短的时间获得更丰厚的利润，并且最为关键的一点，投资者的风险是可控的，持有多长时间，什么时候开始出现转折，投资者都可以自己进行预期。

　　当然，需要投资者注意的细节是什么？如图 1-16 所示，需要注意的细节就是在图中 A 点的走势，根据标准，这一点的走势是不太符合的。为什么不符合呢？

　　小通道的橙色下轨线，是不能下穿大通道下轨线的。不下穿是最好的，因为不下穿就意味着这是一个大周期的开始；如果下穿，则意味着上涨有可能只是一波反弹，而不是大趋势反转，不管涨得再高，还会再跌下来。除非大通道也开始反转，而我们发现，图 1-16 中股价走势里，大通道一直没有反转。

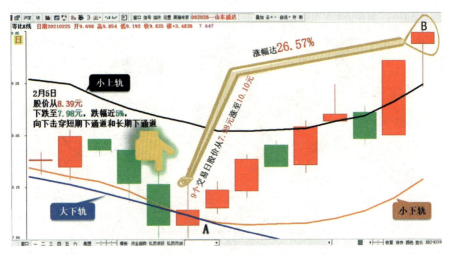

图 1-16：山东威达 9 个交易日内涨势不会长远

所以当投资者遇到这样的情况时，一定要清楚，这种走势下，交易后过几天就赶紧把它卖掉。正如 1-16 所示，山东威达在 9 个交易日内，股价从 7.98 元涨至 10.10 元，获利达 26.57%，按照赫斯特的标准要求是 7 个交易日获利 8.9%，而我们在这只股票的获利远远超过标准，所以 A 股的波动幅度和获利比例，远远高于美股。

如图 1-17 所示，新洁能这只股票也是同样的情况，只不过波动幅度不算很大，当一路下跌时，出现一根阴线同时击穿两个下轨，并且这样的阴线有什么样的特点呢？读者们可以看到，这根阴线连下影线都没有，但是往往这样的阴线一般都是缩量，一根跌破两个下轨，买入的规则很简单，只要第二天收阳就可以 A 点买入，是否收阳线是很容易判断的。

接下来再关注什么呢？是小通道什么时候开始转折，一旦小通道出现转折，从转折的位置开始数 8 个交易日，因为转折前的涨幅还属于上个周期，从转折这一天开始，数 7 ~ 8 个交易日，到了那个位置，就应该把

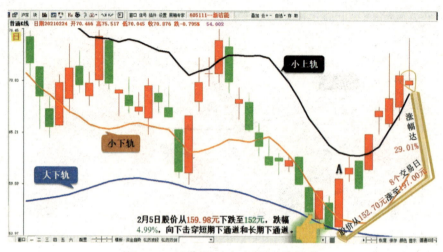

图 1-17：新洁能 8 个交易日的涨势

它卖掉了。

再说价格，如果投资者算出来 8 个交易日以内涨了多少，那么下一个 8 个交易日下跌的时候，就会跌那么多，再下一个 8 个交易日上涨的时候，也会涨那么多。

比如图 1-17 中小通道从 A 点开始转折，在 8 个交易日周期里涨了 29.01%。理论上来说，等下一个周期，也就是过了 16 个交易日以后，新的 8 个交易日周期开始的时候，可能这 8 个交易日还是上涨 10% 左右，这就是可以预期的买卖涨跌的方法。

我们用一石二鸟这个方法，正好是判断大小周期共振转折的时候，简单、直观，也很实用。

在实际操作过程中，还会有很多例外的走势，比如图 1-18 实丰文化中 A 点，不是大阴线击穿两个下轨，而是小阴线，两个下轨的距离很近，出现这种走势往往意味着上涨的涨幅不像之前案例中的涨幅那么大，

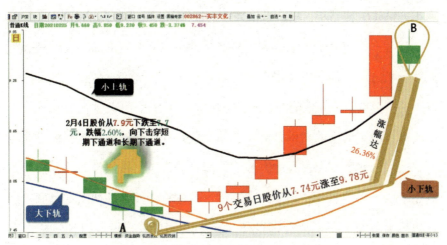

图 1-18：实丰文化小通道内连涨 9 日

并且它是小阴小阳涨起来。也就是说如果是大阴线跌破，涨得也会快；如果是小阴线跌破，会出现缓慢的上涨。

在实丰文化案例中，实际上 9 个交易日也上涨了 26.36%，远比作者所给到的平均数要高得多。当一个投资者学会了赫斯特通道以后，通过这种方法，投资者能达到的标准是什么？就是在本章一开篇所举的例子：9.7 个交易日能获利 8.9%，那已经是非常高的获利了。

为什么要知识之后还要讲到实战方法？当一个普通的散户投资者，学会了一些独特的方法之后，不做深入了解，甚至很多人都不知道赫斯特是谁，不知道赫斯特通道是什么，原理是怎样的，尤其连原著书籍都没有看到过，就开始常规去使用，就只能是知其然而不知其所以然，不可能真正把它用好。

此外，国内很多对赫斯特通道的讲解和计算都存在错误，甚至还有人去叠加成交量之类的指标，或者把赫斯特通道当作一个纯指标使用，真正去钻研原著书籍，把它当作周期来进行研究的人，几乎很少。

我在一开始就给大家强调，赫斯特就是以周期研究而闻名，被称为周期分析之父，他的方法最有效的就是用来分析周期，赚钱、形态只是其中的一个点而已，他的内容被挖掘的深度还远远不够。

通过我们给出的案例分析，您会发现获利比例远比作者所给出的标准强得多，实际交易过程中，我们的损失非常小，按照作者的标准设定好止损价，只要股价跌破您的止损价，就把它卖掉，即便出现亏损，最多也只会亏损 1% ~ 2%。但若出现获利，可能就是短短的 8 ~ 9 个交易日，达到获利 20% 左右，从概率而言，这样的操作将比普通散户要强得多。正如之前所说，最关键的是，但凡出现了这样走势的股票，共同的特点就会出现快速上涨，在很短的时间内脱离底部，安全性比较高。

当然，如果投资者还懂得结合其他指标进行共同研判，还可以把它变得更好，使您的投资操作过程更明确。比如投资者可以将一石二鸟的方法与趋势类指标相结合，如图 1-19 新宏泰，结合很简单的趋势类指标，绿柱就是下跌，红柱就是上涨。当出现绿柱同时下穿两个下轨道，之后变成红柱的时候买入，都是红柱的时候，投资者就可以一直持有，直到哪一天红柱变成绿柱，就把它卖出。同样是红绿柱转换，借助这种方法，就能得到非常大的一波获利。说明原来都是小涨，后来出现一石二鸟走势，就产生了一波大涨。

所以通过组合使用，可以把它的效果变得更明确，操作更"傻瓜"和直接。如果投资者还能把它变成信号和选股，就可以同时解决选股的问题。

除了指标结合，是否还能让它变得更好？科技可以让一切变得更好，这就是我们为什么要去不断地深入研究作者以及他所处的年代，在作者

图 1-19: 新宏泰触底后一波大涨

生活的 20 世纪六七十年代，计算机还没有现在这么发达，但他在当时已经开始研究火箭，说明他是一位非常严谨的人。因此他研究出来这套系统，在世界范围内的影响非常大，越专业、越高级的人都在用它。

希望投资者能对它再去做深刻的研究。赫斯特在他的书籍里讲道：为什么别人大赚而您受伤？之所以大部分人都是赚不了钱，首先有两个原因，一个是股票市场本身不创造价值，大部分人赔钱亏损，进来当韭菜做贡献，因为股市本身没有钱，您赚的就是我赔的，大概率事件就是这样；从大的层面而言，不可能让所有的人都赚钱。另外一个原因，为什么别人大赚而您总是受伤？不管是什么原因造成您长期亏损，都说明您的方法在市场失效了，不去尝试新的方法，您就没有新的惊喜，未来只是把亏损的周期拉得更长而已。

所以赫斯特才会说：交易是聪明人的天堂，是平庸者的地狱。因为平庸的人总是看不到机会或者坐失机会。

平庸的人为什么平庸呢？因为当机会来临的时候，市场却出现了一根大阴线，平庸的人一看这种下跌，都快吓死了，他不觉得这是机会，下跌的时候他看到的是风险，而不是机会。只有在上涨的时候，他才会入场，此时已经追得非常高了。

所以明明当一个机会来临的时候，平庸的人总是没有反应，眼睁睁看着机会错过，而实际在股市中，赚钱的机会一年中最重要的就只有那么几个时间窗，错过就没了。所以炒股的能力其实就是把握机会的能力。当一个机会来临的时候，就看投资者能不能抓得住。

做任何事情，最关键的都是时机。就像中国人常说的那样："时来天地皆同力，运去英雄不自由。""运退黄金失色，时来顽铁生辉。"同样一只股票，并没有好坏之分，当机会来临的时候，您就会发现不一样，但机会错过就没了，天不再与，时不久留，一个机会不可能同时给您两次，时机稍纵即逝。所以作为投资者，要着重训练自己的，就是投资的思维和感知力。

六、赫斯特通道实战用法 2：两江汇流

在前文中，我们更多介绍的是小周期的使用，8 ~ 9 日的周期达成 8.9% 左右的获利。同时，我们也了解小通道是短期内的小周期，没有通道就发现不了周期；大通道就是大级别的周期。

在本节内容中，我们将详细讲解长周期的相关使用及特点。

赫斯特通道的结构看起来很简单，通道分为大通道和小通道两组，

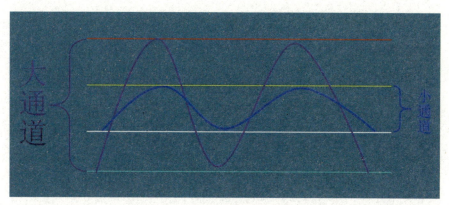

图 1-20：大小通道的叠加

股价碰到通道的下轨和上轨就产生了循环周期，并且大周期和小周期之间的涨幅是相互叠加和抵消的。

当股价触碰到大通道的上轨时，就是长期的头部的特点，这个长期头部将会到什么程度呢？

当股价触碰到大通道的上轨，就意味着股价创出了 30 个交易日新高，并且涨幅在 15% 以上，也只有在这样的环境下，股价才会触碰到大通道的上轨。而且，一旦大通道拐头向下，最少创 30 个交易日新低，还有 15% 以上的跌幅，这样才可能会出现低点，所以跌幅是非常大的。

同样的道理，如果股价触碰到大通道的下轨，一旦大通道开始转头向上，您的预期是它会创 30 个交易日新高，并且创了新高以后还会再涨 15% 以上，这样股价才会触碰到大通道的上轨。

小通道也是一样的，一只股票在什么情况下才可能会触碰到小通道呢？小通道是创 8 个交易日新低，并且跌幅在 3% 以上，也就是说小通道一旦转头向下，那就意味着最少是创 8 个交易日新低，并且在创了 8

个交易日新低以后还要再跌 3% 以上，才可能会触碰到小通道的下轨，这种跌幅是比较大的。

那么，一只股票触到了小通道的下轨，如果我们想在此处买进，接下来的盈利预期是多少呢？待股价创 8 个交易日新高，创新高以后再涨 3%，我们就应该把它卖掉，因为此时小通道的位置已经到了。

我们平常看到的，股价会经常触碰到下轨、上轨，股价与每一个上下轨的触碰的逻辑是什么？股价会触碰到上轨的逻辑是创 8 个交易日新高，且涨幅大于 3% 以上，这样才可能会触碰到上轨。

所以，股价的向上和向下的影响是巨大的，一旦触碰到通道以后都会出现调整，在实际过程中看到的是股价开始转折了。

在赫斯特通道实战用法 2——两江汇流中，这是循环周期里最简单、最直接的一个方法，并且在实操过程中，无论是选股还是买卖时机都特别清楚。

如图 1-21，先来看一下它的背景解析：股价①处触底后，主力趁机吸筹，导致股价上涨，当散户追进后，主力却突然在小上轨杀一个回马枪，出现回调洗出散户，之后股价扬长而去。

再看形态解析：股价第一次跌到小下轨后出现反弹，当上升到小上轨后受到反压再次跌到小下轨时，这种前后两次跌到小下轨的走势称为"两江汇流"。

两江汇流就是两条江汇入到一块儿，它的走势其实很简单，外面是大通道，中间是小通道。当股价第一次开始触底，触到小通道的下沿①处，股价见底反弹出现了上涨，然后达到小通道的上沿后跌回来，然后第二次触到小通道的下沿②处后再次大涨的走势。

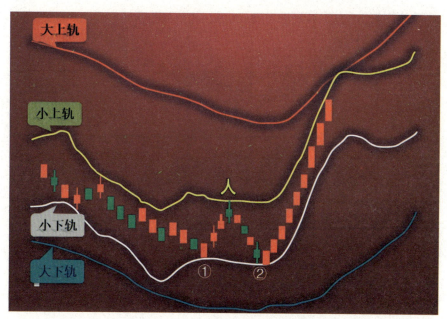

图 1-21: "人"字形后两江汇流大涨

　　这样就形成了一个"人"字，或者也可以说像是个"入"字，两江汇入到一块儿了。到了②的位置后，股价才真正开始上涨。最有意思的是赫斯特通道发现了周期。我们怎么知道股价未来会涨到哪里呢？涨幅有多大呢？这是最值钱的地方。

　　在赫斯特的循环理论里面说道：建立通道的目的就是为了发现周期，没有通道就看不到周期。

　　图中，①至②的时间就是小周期里的最小循环，从①到②持续了8个交易日，那么未来从②处上涨就会上涨8个交易日以上，并且涨幅会是①至②高度的2倍以上。这样获利的空间和想象力是一定有的，这就是两江汇流，并且最值钱的是您终于发现了这个股票的循环周期。也就是没有两江汇流，您就不知道那么多高低点之间的周期到底是多少，有了两江汇流之后就很容易地发现一个股票的周期。

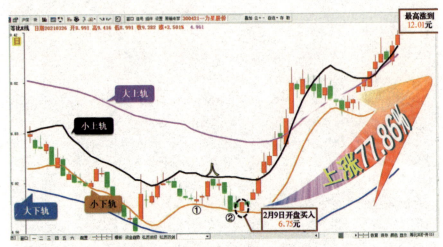

图 1-22：长期下行到底后形成两江汇流

如图 1-22，看走势大通道还是向下的，但是小通道开始从向下到向上再到走平，股价在①处触到小通道的下沿，随后在②处再次触到，这个"人"字形走完后，形成两江汇流。出现这样的走势以后，后期股价产生了一波上涨，并且是长期的上涨，涨幅还是比较大的，从 6.75 元涨到了最高的 12.01 元，上涨幅度达到 77.86%。即便不能把 77.86% 的盈利完全赚到，赚到回调前的一波也是可以的。

接下来，我们仔细研究一下它的神奇之处到底在什么地方，真的只是我们看到的这么简单吗？还有什么神秘的周期是能看到却不知道的呢？

如图 1-23，以沈阳化工为例，股价在①处产生了一个低点，上涨出现了一个高点，在②处又产生一个低点，也是一个"人"字形，然后出现了上涨的走势，两次都触到小通道的下轨，这样就产生了循环周期

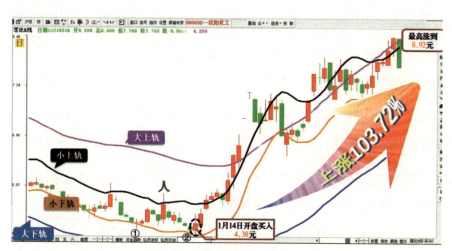

图 1-23：沈阳化工两次触及小通道底部后大涨

的两个低点。

出现这样的走势，您的脑子里第一反应是什么？原来这只股票的周期是多少天呢？就是从①至②的天数，数一下是 11 天，也就是它的周期是 11 天。周期是 11 天意味着股价在②处一旦收阳，就说明周期开始向上了，并且未来会涨 11 天，涨幅在①至②高度的 2 倍以上，这就是第一目标位。

那么，什么时候会产生加速呢？中间的时候容易产生加速，11 天的中间就是在第 6 个交易日到第 7 个交易日的时候很容易出现加速，理由可以参考前面用小弹簧走势来诠释的周期最基本的规律。

结合案例来看，在买入这只股票后，第 11 个交易日的时候就要考虑把它卖掉，因为周期已经结束了。并且可以看到，在第 7 个交易日的时候产生了加速，而到了第 10 个交易日和第 11 个交易日的时候，连续出现了两个涨停。但是在第二个涨停板的时候，11 个交易日已经结束了，站在投资者的角度，到了这个位置就应该考虑把它卖掉了。

接下来再看，不要以为这一波结束了就彻底结束了，发现了它的周期以后有什么作用呢？两个涨停板之后，再到第 6、第 7 个交易日的时候，我们仍可以发现此时的力度是最强的：原来是跌的，可能会涨；原来是涨的，可能会加速。而这里到了第 7 个交易日的时候见底了，然后再到这一轮的第 11 个交易日，可以发现，这一轮的第 11 个交易日较前一轮的第 11 个交易日，实现了从高点到高点的上涨。

随后，新的一轮 11 个交易日就开始了，依然是到第 7 个交易日的转折是最强的，由原来的上涨变成了下跌。在第 11 个交易日结束之后，一个新的低点又产生了，横盘结束，又开始了新的一波上涨。

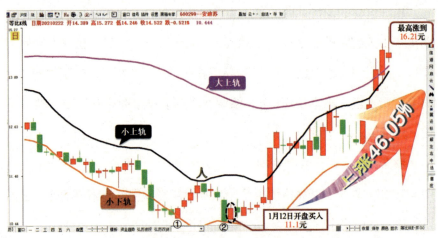

图 1-24：两次探底后形成标准的循环周期

发现了股票的周期以后，既能发现它的涨幅，还能知道大概的空间是多少。图 1-24 中的案例看得更清楚，股价在①处触到小通道的下沿，再触到小通道的上沿附近，然后再在②处触到小通道的下沿，形成了一个特别标准的循环周期，后面迎来大涨。

什么叫作循环周期？前面已经说过了，低点到低点之间的时间就叫作循环周期，而所谓的循环周期分析就是分析低点和低点之间。但是一只股票有那么多的低点，怎么知道从哪个低点开始是它的周期呢？这就需要看小通道了，用通道才能找到它的周期，并且通道的本质就是为了找周期。

从①处的低点开始，很明显股价涨了 4 天，跌了 4 天，也就是 8 个交易日是 1 个循环周期。并且出现了两江汇流的走势，那么在此后第 1 个收阳日就可以买了，然后根据循环周期可以持有 8 个交易日。

您的第一目标位是股价创出 8 日新高，然后再涨 3% 以上。案例中，买入后的第一根涨停板就满足了创 8 日新高，并且涨幅也满足了，但是时间还没有到，而到了第 8 个交易日就应该把它卖掉了，因为周期到了。这一波从低点到高点的涨幅有十几个点，还包含了一个涨停板，已经很可观了。

之后又应该怎么操作呢？8 个交易日的中间就是第 4 个交易日，也就是第 4 个交易日是转折，也是最强的。可以看到高点之后股价开始下跌，在第 4 个交易日见底，再过 4 个交易日见头，这就是循环周期。

接下来，又是经过了 4 个交易日见底，再过 4 个交易日见顶，虽然无法看到图中后续的走势，但是这一轮到了第 8 个交易日时就是头部了，可以卖了。并且经历了几波的上涨，正常的周期走势先是一个 8 日，8 日以后是 16 日，16 日以后是 32 日，所以到了 4 个周期以后往往会是一个阶段的高点，且触到大通道上轨，此时一定要小心。

图 1-24 中，最后一轮的头部理论上是一个比较长期的头部，从这

以后可能就会是长时间的下跌了。再结合大小通道来分析，现在大通道是向上的，也就是总体还是向上的，也就是最少要有 16 个交易日的调整才可能会出现低点。

运用两江汇流的核心就是：股票在您的眼睛里原来是模糊的，发现了它的周期以后，就好比号到脉一样，也像月亮每过农历十五日后，会有一个变化，什么时候会圆？什么时候不圆？什么是上弦月？什么是下弦月？这就是周期的力量，而这种发现周期的方法就是赫斯特通道的两江汇流。

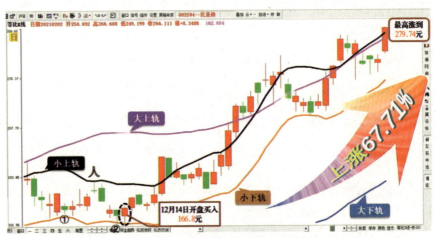

图 1-25：比亚迪大小周期共振上涨

我们还要关注一种走势，如图 1-25 比亚迪的案例，其特殊之处在于，大通道是向上的，小通道也是向上的，这种走势很少见，一旦出现这样的走势，即便您不懂得周期分析也知道这种一定会出现较长期的上涨。但是很少会有大通道是向上的，出现两江汇流这样的走势，而图 1-25 中这种就更少了，可以看到两江汇流是在大通道向上，且小通道也向上的情况下产生。

在这个过程中，大通道向上说明大周期是向上的，小通道也向上就说明小周期也是向上的。前面在讲周期的时候说了，周期之间有相长和相消：相长就是相互增长，小周期向上，大周期也向上的，很容易出现大幅度共涨；相消就是相互抵消，本来在大周期里面涨得挺好，结果小周期向下，就会导致震荡上涨。所以，只有两个周期相长不相消的时候，才会出现急速拉升的走势。

对我们而言，我们只需要知道它的周期，那就一个一个地去数就可以了。比如说图中从①至②之间是 8 个交易日，接下来每到 8 个交易日的时候要小心，到了周期的一半也就是第 4 天的时候要小心。

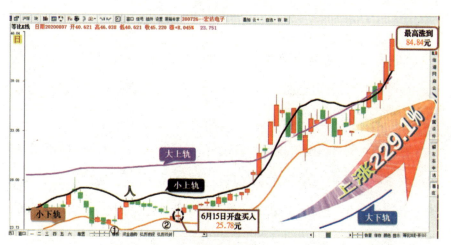

图 1-26：大上周期共振长时间上涨

如图 1-26，从低点①处到低点②处一共是 12 天，这个周期算是时间比较长的，当这个周期过了以后，再经过 12 天就又是一个周期，以此类推。而这只股票之所以也涨了那么多，就是因为与前一个案例一样，在形成两江汇流的走势时，大通道是向上的，小通道也是向上的，上涨周期就长。

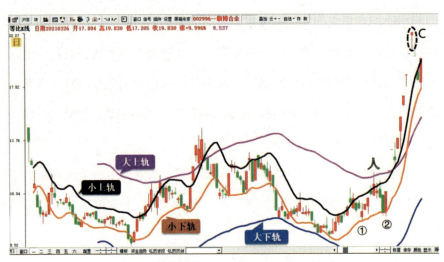

图 1-27：顺博合金的两江合流走势

如图 1-27，顺博合金的走势也是如此。股价在①处和②处两次触到小通道的下沿，并且小通道的方向是向上的，大通道的方向也是向上的，所以它的上涨速度是比较快的。

然后，再看小通道的周期，从①至②经历了 9 个交易日，所以在上涨的过程中要关注第 9 个交易日。并且目标涨幅应该是①至②高度的 2 倍以上，但是经历了 9 个交易日在实际的过程中，走势比想象的要强得多。

到了第 9 个交易日就应该卖掉，随后股价发生了转折，并且也会是 9 个交易日触顶。过程中要重点关注第 5 个交易日，如果第 5 个交易日转折不了，就说明市场是比较弱的，也说明这不是循环周期，而是单边周期。所以在实际研究过程中，我们需要看这些点，如果到了中间发生了转折，那么此处就是一个小低点，一个循环结束后再进行下一个循环。

表面上我们看到的是股票的价格，实际上我们看不到的是低点与高点之间的这种循环，而一旦通过两江汇流的走势发现了这种规律，以后再去看股票就容易得多了。

哪怕是赫斯特，也是利用了大量的计算机的数据，才发现了股市中的这种规律。当然，通过这种讲解读者会觉得很容易，如果您也读过他的书，或者本书中讲一些专业的模型和词汇，甚至是光谱分析、傅里叶变换的公式，还是需要耗费很大的精力去理解的。在百度百科上，之所以赫斯特通道实战六招（我讲的）流传很广，是因为只有这样才遵循了赫斯特的意愿，这也是赫斯特通道的精髓所在。

七、赫斯特通道实战用法 3：三足鼎立

在上文中，我们了解的赫斯特通道的实战用法，主要是借助通道来判断周期，并在短线操作中给投资者提供了时间与空间上的目标。而在本节中讲到的实战用法被称作"波段之王"，明白了什么是三足鼎立之后就知道怎么寻找波段。

首先，还是要熟悉这些线的规则和名称，外边的两条构成了大通道，大通道的上轨叫大上轨，下轨叫大下轨。同理，小通道的上轨叫小上轨，下轨叫小下轨。

什么叫三足鼎立呢？我们需要先判断一只股票的大周期，当股价触及且必须有一次触及大通道的下轨，也就是小下轨接近大下轨或是下穿大下轨都可以，这是第一个条件。

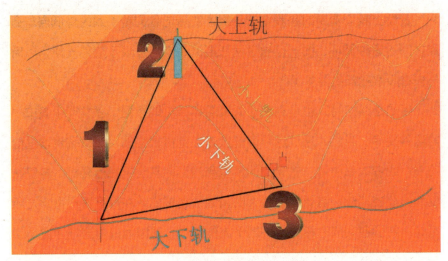

图1-28：三步走势形成三足鼎立

大通道走平或者向上，说明这只股票是处在一个向上的大周期里面，同时根据第一个条件可知大周期来了，但此时中周期还会有调整。大周期已经确定了，还要确定中等的周期，而小周期就是波段。

在图1-28中，1处至2处这个波段里面，第一步，小通道从1处开始向上，直至触碰到大通道的上轨，触碰不到也没有关系。触碰到，就意味着获利空间会比较大；触碰不到，则意味着获利空间无法计算，只能跟踪。第二步，就是小通道在2处到达顶部，并且在触碰或者靠近大通道的上轨后开始转下。

随着小通道由下跌转成向上，并且小通道靠近大通道的下轨的位置，又正好出现了3根小阳线，此时3处就与1处和2处共同组成了三足，这就是第三步。其中，3根小阳线的特点是：前面股价在下跌，突然出现了3根小阳线，随后小通道由之前的向下转而向上。

出现以上讲到的第一步、第二步、第三步的走势，就叫作"三足鼎立"。

　　当三足鼎立的走势一旦产生，意味着什么呢？意味着这只股票的大通道是向上的，小通道也是向上的，获利的空间至少是从买入的位置到大通道的上轨附近，空间还是比较大的。

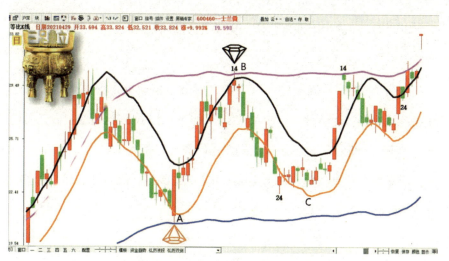

图 1-29：士兰微三足鼎立后启动涨势

　　如图 1-29，结合具体案例士兰微，在橙色钻石 A 点小通道接近大通道下轨的位置，并且股价触碰到了大通道蓝线的下轨，大通道是走平向上的，这就说明大周期要开始了。

　　接下来，小通道转而向上，股价上涨至黑色钻石 B 点触碰到大通道粉线的上轨，小通道又由上转下，直至小通道接近大通道的下轨 C 点上边出现了 3 根小阳线，构成了三足鼎立的走势，这是多么明显的一个周期。

　　在这个周期中又出现了什么呢？出现了小通道向下时，突然出现了3 天的上涨，最好是 3 根阳线，但是图 1-29 中的第三根是个假阴线也算。3 天的上涨，到了第 3 天的时候，小通道由原来的向下变成向上，就意味着这是一个很好的启动点,真正的一波上涨要开始了。大通道是向上的,小通道也是向上的,大通道是上涨的,小通道也是上涨的,要知道这种上涨是会出现加速的。

如果更仔细地研究,您会发现还有更深的规律,比如说低点到高点是有周期的。而这个周期是这样:低点涨上去,高点跌下来,低点涨上去,高点跌下来,这几乎是同步的。

如图 1-29,从周期的角度来说,形成三足鼎立走势的两个低点之间经过了 24 个交易日,标注了"24"的第二根 K 线再过 24 个交易日就到了下一个低点,也就是低点到低点的周期是相等的。

但最神奇的是从低点到高点涨了 14 个交易日,那么 14 个交易日的上涨,什么时候会出现加速呢?也就是中间的位置,在第 6 根、第 7 根时加速,然后速度降下来直至第 14 天到达高点。

第二轮也是从低点到高点经过了 14 个交易日,但是为什么这次的第 6 天、第 7 天没有产生加速呢?原因就是小通道没有向上。一旦小通道向上也是会出现加速的,如果从小通道由下转上的 K 线算起,也是在第 6 根、第 7 根的两个涨停板处出现了加速上涨。

包括再下一轮周期中,可以看到从低点到最新的一根 K 线是涨停板,正常来说一波上涨是有 14 天,并且在第 6 天、第 7 天时出现加速。通过赫斯特通道能看到周期,小周期向上,大周期也向上,再和三足鼎立组合起来使用。

当然也可以简单地操作,就是当股价达到大通道的上轨时就卖掉,别小瞧这么两根阳线,做基金一年赚 20% 也是挺难的。

具体来看赫斯特通道的实战用法 3——三足鼎立,除了前面讲的周期问题，它的理论逻辑是什么呢？

先来看背景分析：股价经历了一波调整之后，空方力量得到了有效释放，触及周期共振，市场开始反攻，市场跟随筹码出现，空方洗盘筹码再度上场，股价回落进行洗盘，止跌后，市场由多方主导，股价开启持续拉升。

这时，有人会说：股票里面有没有主力和周期有什么关系？主力拿钱就可以把股价拉上去。

大家需要知道的是，有人的地方就会有周期，人的爱好、贪婪和恐惧都是一样的，人的情绪本身也是有周期的。这就是冥冥之中，您看到的是资金，您看不到的是周期，您看到的是一个人的运气越来越好，但实际上"人无千日好，花无百日红"，一切的背后总是有规律的，而规律是背后的周期主导的，这是结合市场中的资金和周期，共同来强调的背景分析。

再回头看图 1-29 中形态解析：股价经历了充分的下跌，触及小下轨或击穿（A 点）后反弹向上，触及小上轨（B 点），受到了小上轨的压制，市场转头向下，再度触及小下轨（轨道线走平或向上，C 点），股价走出连续的三根阳线（类似于"红三兵"）。股价连续 3 天上涨就可以，有时候两阳加一阴也行，关键是 3 天上涨以后小通道由下降转成上升了。当然，如果是连续三根小阳线是最佳的，这意味着后期转折的力度更强、更明显。

操作说明：出现此形态后，次日开盘买入，小通道开始向上，代表反攻趋势形成。

注意事项：三根阳线的总涨幅小于 5%，也可穿插一根小阴线，但三根阳线的前一根必须是阴线。

图 1-30：康泰生物三足鼎立局面

如图 1-30，康泰生物在 A 点前大通道整体是向下的，A 点之后大通道开始由向下转成向上了，这就意味着大的周期要来临了。但是，只有这个第一印象没有用，因为这样的股票多了去了。

那么，先看第一步：小通道开始接近大通道的下轨，并且股价在 A 点触及大通道；第二步：小通道转而向上，但是在高点 B 点并未触及大通道的上轨；第三步：股价从高点开始转成向下，并且在 C 点触及小通道的下轨，随后出现了三根阳线。小通道随着三根阳线的出现，由向下转成了向上，出现了这样的走势就代表形成了"三足鼎立"。

接下来再研究什么时候会大涨的问题，从 A 点的低点到 B 点的高点经历了多长时间？整个周期，从 A 点的低点到 C 点的低点经历了多长时间？这只股票会涨多长时间？什么时候会加速？

数一数，可以知道从 A 点到 B 点经历了 15 个交易日，也就是涨了 15 个交易日，其中第 7 天、第 8 天是涨幅最大的时候。所以，按照周期可知，在 C 点低点处开始算起的第 7 根、第 8 根 K 线就是加速的时候。

　　这就是三足鼎立的走势，您需要做到的是在确认三足鼎立形成的三根小阳线后，次日开盘就可以买入。但实际上，三足鼎立形成的当天盘中也可以看到，当天买也行，影响不大。这几天从 136.90 元涨到了 169.98 元，获利 24.16%。

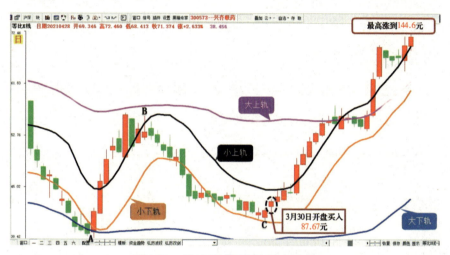

图 1-31：兴齐眼药三足鼎立走势

　　如图 1-31 兴齐眼药，其中大通道从下降转成走平再下降，然后转折上升，此时大通道开始走好，这是整体的走势。

　　再来看三步，第一步：股价在 A 点触及大通道的下轨，并且小通道向大通道靠近；第二步：小通道开始上涨，涨至 B 点接近但并未触及大上轨；第三步，小通道转而向下，跌至 C 点随即出现了三根小阳线。

　　并且，在三根小阳线出现的同时，小通道从原来的下降变为走平向上。这些走势出现之后，次日开盘就可以买入了，因为三足鼎立的所有条件都已经符合了。同时，大通道也开始向上了，大的周期向上，小的周期也向上，告诉您真正好的时机来临了。在 3 月 30 日开盘买入，成本 87.67 元，到图 1-31 中的最高价 144.6 元，整体上涨 64.94%。

在大周期里面，从 A 点到 B 点两个低点之间有多少个交易日，它的周期就是多少。比如说数了一下有 30 个交易日，那就是从低点 C 点到未来的高点最少能有 30 个交易日，到了 30 个交易日的时候就知道可能要到头了。没有到达之前，相对来说都是低点，或者在小通道转折向下的时候也可以选择卖掉。

当然，买卖的方法还需要慢慢地学习，赫斯特通道的买进卖出时机，在图 1-31 中当小通道上轨上穿大通道上轨时就是加速，且在小上轨下穿大上轨时，意味着整个周期结束，就可以卖掉了。

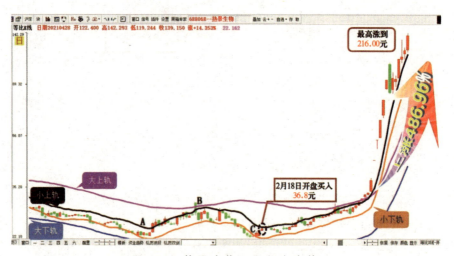

图 1-32：热景生物三足鼎立走势

如图 1-32，热景生物的走势就更有意思了，经过了长期的下跌在 A 点小通道接近大通道，且股价也接近大通道下轨；随后转折向上，股价在 B 点触碰到了大通道的上轨；股价再次跌下来，并在 C 点止跌后出现三根小阳线，三足鼎立走势形成。股价一路加速，经过两个循环周期的上涨，涨幅达到 486.96%。

随着学习的深入，思考为什么会出现这么大幅度的上涨？大幅度上涨的背后是什么？大幅度上涨的背后是多个周期，因为大周期上面还有更大的周期，好比日上面有周，周上面有月，月上面有季，季上面有半年，半年上面还有年。

在整体上，如果股票这一年都在这个上涨的周期里面，其中半年的时候涨得最多，而在这半年里面，什么时候是启动点，什么时候是加速点，都是可以通过周期一步一步分解得到的。但是怎么找到周期呢？必须借助赫斯特通道来找到周期，但是您找到周期后想要学会买卖，就需要通过学习赫斯特十招来知晓进入时机。

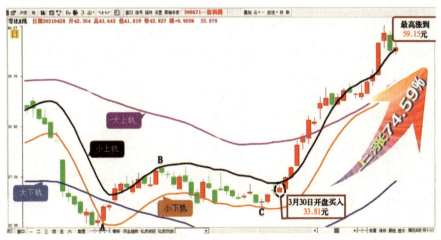

图 1-33：富满微三足鼎立走势

如图 1-33 富满微，小通道接近于大通道并把大通道下轨击穿，股价也跌到了大下轨以下，然后在 A 点小通道由下跌转成向上，直至 B 点再由向上转为向下，并在 C 点之后出现三根小阳线（第三根为假阴真阳），三足鼎立走势成立。

如果您实在不会看周期，那么就在小通道向上时，不论涨跌都持有，当小通道开始转折向下的时候再卖出，也都来得及。

以上，就是三足鼎立的一些具体案例，也可以借助软件作为辅助来寻找市场中这种介入点。

通过这部分的学习，希望能引起大家对知识的重视，我们知道：周期是用眼睛所看不到的，"炒股是灯，知识是油。要想灯亮，必须加油"。

对于炒股这件事，如果您不具备那些独特的知识，学不会那些别人没有的方法，那么您凭什么能赚到别人口袋里的钱呢？股市每天都有涨有跌，有人赚钱，有人赔钱，但凭什么赚钱的人是您呢？您拥有哪些别人没有的东西？别人看什么您也看什么，别人会什么您也会什么，大家都是一样的，那您永远都是在普通人的群体里面、在失败者的群体里面。能让您在股市中脱颖而出的，一定是知识，一定是别人没有学过且不会的方法，只有这样才可能会让您的炒股生涯彻底改变。

您要相信的是：相信知识是价值的源泉，相信眼光决定未来。什么是股票投资的价值？同样一只股票，有的人觉得有价值，有的人觉得没价值，为什么您能发现它的价值？因为您拥有判断价值的知识，再好的股票，您没有知识是看不出来的。明明是一只要上涨的股票，您看不出来，明明是要下跌的股票，您也看不出来，之所以您发现不了它的价值，是因为您没有用来识别它的知识。

就像比尔·盖茨说过的一样，他能成为世界首富是因为眼光好，他预见了二三十年以后每个人的桌上都有一台电脑，这就是眼光。您看到自己以后要炒股，就要知道只靠自己的东西是不行的，而是需要学习周期，学习别人不会的知识，那才能决定您的未来。

相信专业比盈利本身更重要，如果您不懂，靠运气赚来的钱，一定会凭实力亏得一塌糊涂。赫斯特作为一名火箭科学家，他真正把市场研究明白，并且还把周期怎么说用讲出来了。您学会以后就会发现：赚钱是靠本事，而不是靠运气。

相信大家炒股会有挫折，但不会总是失败。每个人炒股都会经历挫折，股市中只有赢钱的和赔钱的两种人，赔钱的人的共同特点是什么？如果您现在赔钱，不用想也知道您现在的思维模式、方法全都是错的，如果不是错的，就可能会有挫折。

对于炒股的认知是需要一点点的改变，记住这四个相信：相信知识是价值的源泉，相信眼光决定未来，相信专业比盈利本身更重要，相信炒股会有挫折但没有失败。

只要您真的愿意，您输掉的钱会一分一分地回来，前提是您真的愿意。世界上没有免费的午餐，付出和收获是平等的，不想费劲就想发财，不想研究就想炒股，不想学习知识就想赚钱，那都是靠运气。而靠运气来的就是贷款，只有靠努力来的才是存款，一点一点地积累知识才可能会好。

第 2 部分

成为一名专业交易者，
管理风险

第二章

成功交易的关键

> 交易长期取得成功的最重要的条件，就是健康的财务基础，这是基本原则。您不仅要在交易生涯开始时保持健康的财务基础，还要一直都维持好这一基础。没有健康的财务基础，就没法交易，就这么简单。

一、风险管理和资金管理，与成功交易有什么关系？

虽然交易的绝对先决条件是拥有可交易的资金，这一点确定无疑，但我们还是要对此保持密切关注。

第一个需要回答的问题是：专业的风险管理和资金管理可以在多大程度上帮助我们维持和改善我们的财务基础？

第二个需要回答的问题是：风险管理和资金管理之间是否有区别？如果有，区别在哪里？

　　此刻，我们必须将风险管理和资金管理两个词彼此分开，分别考虑。但后面，我们会在书中将两个词再结合在一起讲。

　　为了搞清楚两个词之间的实质区别，我们通常将风险管理理解为：从风险的角度去考虑或规划一笔交易。这里先给大家一个结论——"把鸡蛋放在一个篮子里"这种策略不可取。相反，在做交易计划时，您必须仔细考虑好要投资多少钱，投资在什么产品上。这里我可以告诉您：关键都在于止损，并维持好您的财务基础。

　　在资金管理方面，我们通常会通过控制您的投资金额，同时结合最优的交易规划，来持续改善您的财务基础。有了正确的资金管理，您就可以提前从资金的角度去规划并掌控交易，并在金融市场上取得成功。未来无限盈利的可能，才会让您的人生充满惊喜！

　　把风险管理与资金管理相结合，就能解答下面这两个问题：一笔交易或一个仓位能有多少盈利？可能的盈利和潜在的亏损成什么比例？我们要深入探讨这两个问题，才能判断出这笔交易合不合理。

　　为了进一步了解风险管理，我们需要先后退一步，获得一个全局的视角。此刻，我们先要了解投资的一般原则，投资到底意味着什么？您为什么投资？您希望通过投资实现什么目的？

　　每当您要进行投资时，您首先要问自己：从投资中能得到什么？如果您得不到回报，就肯定不会考虑投资，对吧？与此同时，您还要面对投资所带来的风险。生活的方方面面都在告诉我们：有机会的地方，通常也有风险。

　　一旦我们进行投资，那我们就肯定会承担风险。为什么？因为没有人能预测未来。您用自己的资源进行投资后，只能寄希望于投资会有所回报。

您有没有注意到？我们到目前为止并未真正涉及具体的"金融""交易"，只是泛泛地讲"投资"和"交易"，先讲一般的投资，它可以是任何投资，甚至都不需要物质化。哪怕您帮一个好朋友搬家或打扫地下室，这也是一项投资，是友谊的投资。您希望您的朋友在您下次搬家或组装家具时也能帮您一把。可以说，这个希望就是对您投资的回报，这种能相互依赖对方的确定性就是您投资的回报。不过，结果怎样是另一回事，跟我们交易的投资有相似之处。这里要明确的重点是：广义上我们所有人都会进行投资，只有一部分是有意识的金融类投资，但我们确实都在做投资。

例如，在工作中，您会把时间与资金投入赚钱的项目；在生活中，您会把精力投入训练中，为一场重要的足球比赛做准备；您也会投资于友谊、爱情和亲情……当然，您也会把资金投资于有前景的公司或行业。这些都是投资。

而如果一项投资没有回报，会发生什么情况呢？

所有的投资，您都会承担风险，也就是投资失败的风险。您可能无法从投资中获得回报，甚至在最坏的情况下，您的投入全都白费：项目取消，比赛失败，友谊反目，爱情破裂，资金打水漂，等等，白白耗费了您的时间、金钱和精力。

当然，如果没有投资，您不可能提前知道结果，否则您知道了多数情况下是不会卷入其中的。虽然失败的风险一直存在，但出现积极结果的机会同样一直存在。项目成功后职业会发展，比赛获胜后会得重奖，而亲密友谊或爱情是终生的。

最终您会发现：我们都会在生活中频繁地投资，并希望我们投入的资源能带给我们积极的"回报"。不过我们也知道，我们不可能一直都"赢"，什么都会"赢"，这是不太可能的，成功与失败就像一对双胞胎一样，如影随形。

不过说真心话：如果您提前预知到会失败，是否会阻碍您认真准备下一个新项目，阻碍您再次为足球比赛进行密集训练，阻碍您重新建立新的友谊，阻碍您开始一段新的感情呢？不会，当然不会。只不过您会变得更加谨慎，更加挑剔或更加专注。您甚至可能会付出更多的投资来做准备。为什么？因为您想避免这次投资失败。从某种意义上来说，您进行风险管理是为了免于自己遭重创。

在对生活进行深入思考之前，您需要回到本书的主题——金融投资的核心，思考一下您对一家公司或一个行业的投资。

再说一遍，任何人在内，您的投资并不会理所当然地取得成功：您投资的公司可能会破产，投资的行业可能被淘汰，在最坏的情况下，您的财富和资金可能会全部损失。不管您喜不喜欢，这种"潜在危险"伴随着投资与生俱来的。

除了风险，当然您主要看中的是收益，正因为如此，您才能通过投资获得较高的回报。它不仅仅是利息或股息，额外的价格收益也会诱使我们承担高风险，这样才值得您去冒风险。承担的风险越高，您的投资回报就越高。

这时我们就遇到下面两个问题：您为什么投资？您为什么要交易？您可能是为了从投资中获利，也许您期待获得分红，也许您期待获得股息，也许您期望价格波动的利差，也许以上皆是。

我们假设您交易的品种有股票、货币（外汇与黄金）和期货。那么风险管理和资金管理与您的投资、交易取得成功有什么关系呢？

通过风险管理，您能掌控与投资相关的风险，做到知己知彼。风险管理是将投资中的不确定性，在一定程度上变为确定性的唯一途径。

那么资金管理和投资有什么关系呢？很简单：风险管理可以让您免于因投资而陷入困境，而明智的资金管理能帮助您以最佳的方式掌控交易、掌控投资，并让您的资产持续获得积累和增值。二者的结合，对交易长期取得成功不可或缺。

二、为什么风险管理和资金管理对成功交易至关重要？

如果您长期关注金融市场并在市场中交易过很长时间，那么您肯定已经深入研究过金融市场，研究过相关的价格和图表，并且对很多图表形态都很熟悉，那么您肯定听说过股市崩盘，甚至作为交易者您还亲身经历过多次。

我们先回顾一下前些年的金融市场，回顾一下"美好过去"。"买只股，留着它，过几年，就发财……"在过去，这种建议您可以放心地采纳。那时候，许多人对风险管理都持怀疑态度，甚至认为风险管理是多余的。因为那时候，您持有股票相当长的时间，在市场上涨、经济繁荣和利润激增的时期，股票几乎是无风险且收获丰厚的。直到千禧年之前，成熟的交易者在市场中就能轻松应对。当时唯一的风险是，叹息自己没有进入股市或没有购买股票。

然后"新市场"来了，一切都变了！

实体公司相继破产，而车库起家的多家小公司却成长成了市场中的庞然大物——虚拟的承诺和打鸡血的梦想比事实和数据更有价值，这还成为互联网的特征。

由于"风险管理"一词并未完全进入投资者的视线，并且是真正意义上的未进入视线。随着市场崩盘，无论是新经济体还是旧经济体，所有可交易的金融产品都被历史的车轮所碾压，几乎每只股票都在大幅贬值，许多公司彻底从市场中消失了。虽然有些公司和股票在市场上生存了下来，但至今仍未恢复，还在艰难前行。

标普500指数的例子令人印象深刻地证明了这一点，该指数在2000—2002年两年半内贬值了50%以上（图2-1）。

图2-1：标普500指数2000—2002年周线走势

注：从本章开始，K线图绿柱代表上涨，红柱代表下跌。从2000年的历史高1处552.87点跌至2002年的低2处68.63点，标普500指数下跌50.5%。来源：www.tradingview.com

当标普 500 指数市场从 2000 年开始复苏并创下新高时，一切都已截然不同。新兴市场已经消失，而剩下的股票和市场都很稳定，国际贸易处于巅峰。在"新兴市场"中，每季度两位数的增长率已经持续了好几年；欧元正在挑战美元的主导货币地位；由于利率非常低，即使不用贷款，许多人也能买得起自己的房子。

一切都完美得难以置信。事实上，在千禧年之交崩盘的七年后，市场再次崩盘。无论是股票还是大宗商品，所有能抛售的产品都被抛售了。在连锁反应中，价格接连暴跌。最终，市场中只剩下不安的投资者以及被摧枯拉朽的投资组合。这时人们意识到，或许限制投资风险会比较明智。

我们看一下标普 500 指数，该指数在 2007—2009 年一年半内跌幅超过一半（图 2-2），而该指数代表着全世界的市场。

图 2-2：标普 500 指数 2003—2009 年周线走势

注：标普 500 指数前面 1—2 大涨，从 2007 年的历史高 2 处 576.09 点跌至 2009 年的低 3 处 66.79 点，下跌 57.69%。来源：www.tradingview.com

也许您现在会说："这些是指数，而且顺便说一句，这些指数已经复苏了。而且目前已经创下了历史新高！"您说得没错，至少在一定程度上的确如此。是的，指数的确又复苏了，而且每次都能复苏。

不过指数中的那些起伏的公司和股票怎么样呢？也都复苏了吗？

我们拿事实来说话。以德国安联保险公司股票为例（图2-3），这是众多投资者投资的一只股票，并且当时具有较高的投资价值。我们可以看到，该股票从2000年的历史最高点跌到2003年的低点，出现了惊人的90%的亏损。尽管股价在2007年再次上涨至180.29欧元，但仍未能接近2000年创下445欧元的高点。相反，随着2008年的第二次崩盘，该股暴跌至45.15欧元，股价再次跌去75%。

图2-3：安联保险股价2000—2007年月线走势

注：安联的股价从2000年390欧元的历史高点1处跌至2003年的低2处45欧元，下跌了90%。到2007年，其股价恢复到了3处的180欧元，然后在2008年底再次跌至45.15欧元的低点。资料来源：www.tradingview.com

相比之下，德国股票指数在 2007 年创下历史新高，在四年内弥补了前期的跌幅。个股就没这么好运了，这也是大多数消失公司的原因。

当然，之所以要限制风险还有其他原因。毕竟，股价暴跌的原因不一定非得是全球股市崩盘。在大多数情况下，公司管理层的一次错误的任命或一次错误的决定，就足以能让股价暴跌。此外，产品周期或流行浪潮的更替也会导致股价暴跌。

例如，您可以回想一下整个科技行业以及行业中的巨头。例如，诺基亚的股票曾一度是投资者投资组合中最热门的股票之一，但在诺基亚公司的通信技术被超越之后，股价就开始了漫长的下跌。

让我们再来看一下诺基亚这张股价走势（图 2-4），几乎是跌没了。

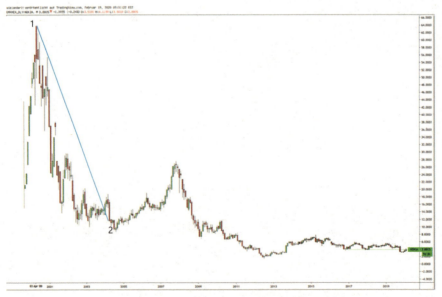

图 2-4：诺基亚历史月线走势

注：诺基业的股价从 2000 年 65.99 欧元的历史最高点 1 处跌至 2004 年 8.85 欧元 2 处的低点，下跌了 86.45%。在 2007 年中期恢复至 28.66 欧元后，诺基亚的股价在 2012 年又下跌至 1.33 欧元，诺基亚市值从 2000 年的历史最高点跌去了 97.96%。来源：www.tradingview.com

此刻，我们首先要问自己，在股价下跌了95%以上，要发生什么事，价格才能恢复到前期的高点？其次，我们要问自己，这件事要发生在什么时候？

上面这两家公司可以说是典型的案例，并且在全球各地的指数中还有许多类似的例子。我们不用去深度分析个股，就能清楚一点：尽管股票指数能频繁复苏并创下新高，但即使在指数复苏后，很多个股价格与历史高点也相距甚远，并且这一状态是永久性的，更多的是退市。

每当我们谈到投资时，都必须牢记一点：整个世界日新月异，不断发展，潮流有来有回。不过潮流一旦过去，如果已经被拍死在沙滩上，就永不复返。然后是新的话题、新的想法、新的产品、新的市场和新的赢家。

不幸的是，我们总是在事后才明白，这正如中国的一句老语："事后诸葛亮。"事情发生后，人们才能看清一切。不幸的是，我们最后只能通过回顾历史才能知道哪些公司曾是真正的赢家，哪些公司是永久的输家。

作为一名交易者，一方面，您在投资中必须时刻考虑风险管理，并严格限制风险。此外还要考虑另一方面，这就是资金管理，让资金实现正增长。正如我们无法提前知道哪项投资会亏损一样，我们也不知道哪一项投资会盈利，我们只有从制度和规则上提前控制、预判和验证，并不断修正。

尽管有各种基本面分析和技术分析，但您还是不能预知后果。这就是为什么作为一名交易者，仔细规划投资并为所有可能发生的事情做好准备，就是如此重要。您不仅仅要考虑可能的亏损（风险），还要考虑可能的收益（资金盈利），两者对于交易来说都至关重要。

三、您是谁？是交易者、投资者还是赌徒？

既然您知道了为什么既要考虑风险管理又要考虑资金管理，那么我们就要把焦点从市场上转移到您个人身上，转移到交易背后的操盘手身上。只有您认知自己以后，才能搭配好风险管理和资金管理，使其最适用于您。

试问，就投资行为而言，您是谁，您是投资者还是赌徒？您有没有想过自己要在金融市场中如何交易，如何操作？您是喜欢在短期内快速获利，还是更喜欢做长线投资？您擅长忍受市场波动实现较大的盈利目标，还是满足于小额盈利目标？

如果您对这些问题没有答案，请暂时把本书放在一边，慢慢寻找答案。只有当您找到答案后，才能继续阅读！

既然您已经找到了答案，那么要问自己下面一些问题。这些问题决定了您的未来，决定了您能否成为一名成功的交易者。

◆我喜欢激进型交易还是防御型交易？

◆我喜欢短线交易还是长线交易？

◆我在市场中运用该策略交易的经验有多少？

◆我想通过自己的操作实现什么目标？

这就是风险管理和资金管理的起点。您一只股票都不需要买，就可以完成这一步。通过以上问题，您只需要花几分钟的时间来安静地反思自己内心。

您有了这些问题的答案后，就决定了自己该如何交易，如何在市场中操盘。这些问题的答案也决定了您交易什么产品，什么时候交易，交易多长时间，并且能告诉您这笔交易明确的目标。

最终，您的答案决定了您能否在市场中取得成功！您的答案决定了交易计划和交易策略该如何搭配，决定了您在市场中使用什么样的交易风格。

例如，当您想采取激进型交易时意味着什么呢？意味着您可能愿意承担更大的风险，意味着您能比防御型交易者提前进场。如果您偏向防御型交易，那您在进场之前需要看到确认的信号。

如果您更偏向于取得短期的成功，那您会发现自己很难长期持有一笔交易，并且您会频繁止盈。而如果您不想频繁地交易，而希望长期地持有仓位，那么您就要面临着市场频繁的波动，并且做到心如止水。

如果您还是新手，对您来说一切都很新鲜，很兴奋。那您首先要尝试各种市场和各种金融产品，找到适合自己的交易方法。当然，如果您是一名老手，交易过市场中的各种金融产品，那么您已经拥有自己的交易策略，并且该策略经过证明是成功的。您知道接下来会发生什么，并且也能随时掌控局势。

对于接下来的内容，您要找到上述问题的答案是首要目标，至于您找到的是什么答案，这是次要的。

为了能在市场交易中取得成功，您需要知道自己的个人需求和目标，这是您制订交易计划的基础。

您要牢记一点：只有当您追求的交易策略适合自己、适合自己的需求时，您才能在市场上取得成功。因为只有这样，您才会在市场艰难的时候，对自己的交易策略充满信心，并坚定地执行下去。只有当您知道如何交易以及为什么而交易时，您才能始终如一地遵循自己的交易策略，这在交易的艰难阶段尤为重要。

这种"内心的自我审视"，正是这本书的主题：风险管理和资金管理之间有什么联系呢？一方面，我们会在本书后面详细地探讨这部分内容；另一方面，您的答案也会对您未来的风险管理和资金管理产生直接影响。在本书中，我们还会不断地探讨这类内心问题。

最后，您可能会问自己：您为什么非要给交易设定一个目标呢？答案很简单：只有您牢记目标，才能始终如一地追求这个目标，并将您的交易策略与之保持一致。

如果您没有目标，而是抱着"我一直在交易"的想法，那么您就只能实现这一目标，您就一直在交易。这种风险很大，如果您没有目标，可能下一刻就会把赚到的利润全部亏掉。因为您不知道自己想实现什么目标，也不知道该什么时候停止交易。所以，在您开始交易前，想一想您要实现什么目标，这样可以防止您在市场中漫无目的地飘荡，无法做到稳定盈利。

因此，再次建议读者：要给自己足够的时间回答上述这些关键问题！

四、您的账户适合哪种交易方式？

前面问到了您在市场中交易时所要回答的问题。这样我们就能适应所面临的不同情况，能运用不同的交易风格进行操作。我们要根据不同的交易时长，采用不同的交易类型。我们可以把交易分为四种类型：

1. 头寸交易：所谓的头寸交易指的是您购买一只股票后会持有数周、数月甚至数年的时间；交易方式是趋势追踪，目标是尽可能长时间地顺着现有趋势；股票分析是在长线基础上进行，采用的是日线图和周线图。市场短期的波动与大趋势相比，对头寸交易者来说显得微不足道。此外，股息分红也可能是头寸交易时要额外考虑的因素。对于国内读者来说，这是价值投资的一种。

2. 波段交易：如果您跟着趋势的起伏进行交易，我们就称之为波段交易。波段交易的目标是伴随市场从低点运行到高点，在这轮走势完成后，便卖出仓位；相应地，您的持仓时间为数天或数周；图表分析主要是在日线图上进行。当然了，您也可以在更短或更长的时间框架内进行波段交易。不过考虑到本书后面的章节，这里的波段交易暂定为日线图上的波段。

3. 短线交易：如果您持有某只股票或持有某款金融产品的时间不过几个小时，我们就称之为短线交易。如果您在第一天找到进场点，交易在第二天才结束，那么持仓过夜也是有可能的。作为短线交易者，您在进行图表分析时主要以分时图为主，并以日线图为辅。在短线交易中，无论您是顺势交易还是逆势交易，都取决于您自己。

4. 日内交易（也称超短线）：如果您在一天内进行多笔交易，或者您一笔交易只持有几分钟到几小时，那您就是一名日内交易者。作为日内交易者，持仓过夜是不可能的，您至少要在当天交易日结束交易。您的技术分析主要是在60分钟、15分钟、5分钟甚至1分钟的图表上进行。

现在，您可以按照自己的答案与不同的交易类型对应起来。比方说，如果您倾向于长线交易，那么日内交易就不太适合您，而头寸交易或波段交易或许会是您的选择；如果您想快速获利，不确定明天会发生什么，只想看当下，那么您大概率会更适合日内交易或短线交易；而如果您想要盈利，但又不想让自己一天忙得不可开交，频繁进出，那么您可以做波段交易。

此外，还有一个关乎于您想在投资中投入多少时间的问题。如果您一周只有几个小时的时间，甚至只有周末有时间做交易，那么短线交易或日内交易就不适合您。不过您可以在日线图上进行波段交易，或者在周线图上进行头寸交易，这都没问题。

最后，您还可以通过这四种交易类型产生多种不同的变体。但重点是，这些变体要与您的风险管理和资金管理相匹配，并做出相应的交易计划。

此时，您已经了解到：波段交易和头寸交易所需要的风险管理和资金管理，与日内交易和短线交易不同。

由于日内交易和短线交易有较高的相似性，所以我们把这两种交易合二为一。本书后续篇章中只探讨三种交易：日内交易（一天）、波段交易（数天）、头寸交易（数周或更长）。

为了能让您真实了解并体验到不同的交易类型，下面我们有三位不同类型的交易者，并且他们也乐意与我们分享其经历。这三位交易者分别是瑞克、安娜和彼得，他们每个人都采用不同的交易类型，并且都有自己独特的交易方式。此外，我们还会了解到三位交易者的个人背景和性格特征。

以下是他们三人的介绍：

我叫瑞克，是一名销售代表，27 岁，单身，并刚刚开通了我的第一个交易账户。我在该账户存入了 5000 美元。我的交易经验仅限于一些基础的技术分析知识，并且了解过互联网上一些交易者的经历。在工作日，虽然我经常有空闲时间，但我要不时地与客户和商业伙伴打电话。我想我可以成为一名日内交易者。我的图表软件采用的是 60 分钟图，我会在这种图表上寻找交易机会。关于月度目标，我给自己定了 500 美元的利润。如果让我形容自己的话，我胆子大，而且我的客户也知道我是一个有魄力的推销员。当然，我也想在交易中展示出我的热情，这就是为什么我会认为自己是一个有进取心的交易者。至于如何实现我的目标，我认为对我来说最好的机会在外汇市场。为此，我已经在一家外汇经纪商那里开通了自己的账户。

瑞克的交易目标非常雄心勃勃，第一年的利润目标为 6000 美元或 120%。我们拭目以待，看他能否实现目标以及如何实现目标。

我叫安娜，最近收到了 25000 美元的遗产，现在我想要利用这些钱"有所作为"。我现在对股票市场已经了如指掌，并且拥有数年的交易经验。因此，我决定把财务掌握在自己手中。我想用全额进行交易。虽然我已经有了很多的交易经验，但我想在市场上采取防御型策略。您永远不知道明天会发生什么。我的目标是每年赚 5000 美元，也就是 20% 的增长。

当她被问及交易类型时，安娜回答说她想进行头寸交易。她想利用周线图进行分析，而且她还为此在周末预留了几个小时的时间。安娜对各种选项都持开放态度，她会对世界各地的股票指数和个股进行分析，并直接通过相应的证券交易所进行交易。安娜 35 岁了，已婚。

我叫彼得，在一家大公司担任部门经理，已经 48 岁了。作为一名经理，我白天很忙。但在过去的几个月里，我读了很多关于交易的文章，并与家人商量着在一家期货经纪商开设一个 15000 美元的交易账户。我已通过模拟账户小试牛刀，过程很顺利。我相信我可以通过波段交易实现每年 10% 到 15% 的盈利。作为两个孩子的父亲，我想采取防御性的交易策略。我已经和家人商量好了，每天晚上给我 1 个小时的时间来管理交易。我的技术分析是在日线图上进行的。至于交易品种，我选择的是期货。

如果用具体数字来表达，彼得第一年的盈利目标是 1500 ~ 2250 美元。这里我们也将看到，彼得是如何运用风险管理和资金管理来实现目标的。

瑞克、安娜和彼得将从现在起一直伴随我们，而且他们很乐意与我们分享他们的想法和经历。

至此，我们的准备阶段就结束，接下来会朝着专业的风险管理迈出下一步。

本章重点摘要

★风险管理和资金管理是两个不同术语，应单独考虑。

★风险管理用来限制亏损。

★资金管理是通过针对性的资本配置及其他手段来改善交易结果。

★投资总存在失败的风险，而风险管理有助于您控制这种风险。

★尽管指数在大跌之后，过一段时间就能恢复，但个股并非如此。股票在经历长时间的崩盘后，往往会远低于历史高点。风险管理能避免我们持有弱势股票，并为新的投资铺平道路。

★股票既可以与指数一起暴跌，也可以自行暴跌。而技术分析可以帮助您避免高损失，并及时对亏损的仓位平仓。

★在您开设账户、进场交易之前，您必须先认识自己。只有您知道了自己在交易中的优势和偏好后，您才能开始交易。这也是专业风险管理的一部分。

★本书只探讨三种交易：日内交易、波段交易、头寸交易，选择合适的交易类型是风险管理的一部分。无论是长线交易还是短线交易，都取决于您自己，但不同的选择也对应着不同的风险管理和资金管理策略。

第三章

风险管理

上一章的例子足以清楚地表明，您在交易中必须采用专业的风险管理。在快速变化的市场中，我们需要定期对各品种的投资进行检查，您要确保投资组合中不会突然出现一只长期性亏损或永久性亏损的股票。

一、如何识别出风险中的"利润杀手"？

在基本面分析或技术分析中，有些方法可以发现长期亏损的股票。例如，如果一家公司的新产品发布失败或者业务数据连续几个季度不如预期，那么根据基本面，我们至少应仔细观察一下图形和走线，看一下这笔投资还合不合理。不幸的是，在这种情况下，股票往往都已经大幅下跌：因此，那些等待公司发布基本面数据的人，往往都会遭遇突然的亏损。他们在紧急踩下刹车、将股票从投资组合中移除之前，都已经承受了一笔巨大的损失。

技术分析或许可以更好、更快地表明一只股票在一个市场总体上是否在下跌。事实上，股票在下跌时都会在这里或那里留下线索。例如，重要支撑位被跌破或顶部形态的完成可能就是我们逃离沉船的第一个信号。还有，头肩形态的出现也能清晰地表明一只股票或一个市场出现了问题。如果市场出现疲软迹象并且未能创新高时，投资者就会紧张。而如果股价跌破重要支撑位，那么它大概率还会继续下跌，至少在短期内会是这样。

下面我们看一张典型的头肩形态的图 3-1：

图 3-1：标普 500 指数，周线图

注：标普 500 指数从 2009 年 666.79 的低点上涨到 2011 年 1370.58 的高点后，形成了头部。它只比前一个高点，也就是比左肩略高。而当标普 500 指数未能创新高时，就会形成略低的右肩。随着价格跌破 1 处的颈线，市场便开始出现抛售，标普 500 指数在三个月内就下跌了约 15%。随后，标普 500 指数在 2 的水平线企稳，从 3 处开始了新一轮的上涨，并创下历史新高。来源：www.tradingview.com

从图 3-1 中，我们可以看到标普 500 指数自 2009 年开始一直处于上升趋势。而在经历了一轮稳步上涨后，标普 500 出现了下跌，接着标普 500 再次上涨并创新高。至此，一切顺利，并且也符合整体趋势。但接着便出现了与大趋势不符的情况。标普 500 下跌后，虽然也出现上涨，但却未创新高。这时图表分析变得非常有趣！我们可以稍做解读。投资者在想什么呢？经过几个月或几年的上涨后，突然就未创新高了？而且还是在历史最高点处？发生了什么情况？

我们不需要千里眼，就可以发现这里大概率会出现回落。此处需要非常谨慎！事实上：根据市场中"不能涨就一定跌"的规律，标普 500 正在下跌。市场首先跌破 1 处的支撑位，然后跌破了 2 处的支撑位。

这里我们停下来思考以下两点：

1. 市场不仅未能创下新高，而且在历史最高点出现了回落。

2. 经过长时间的上涨后，价格上涨出现了停滞，并跌破了 1 处的重要支撑位。

您有什么反应？您会期待什么？在经历了 2000 年和 2007 年的经历后，您的第一个直觉是什么呢？

这就是很多人的想法！而在跌破 2 处之后，价格再次大幅下跌。投资者纷纷平仓，而空头也已纷纷进场。这两个因素都导致了标普 500 指数在数月内便跌至 1100 点以下。

那么，图表分析能告诉您趋势会逆转吗？是的，可以！不过只能告诉您一些线索。我们还可以看到，标普 500 在 2 日暴跌之后便再次上涨，并创下了历史新高。

逆向思考，2 处一直持仓难道不是更好吗？持仓渡过这轮下跌不行吗？毕竟，市场后来也验证一直在上涨，不是吗？

在这里，我们必须考虑风险管理。根据过去的经验：谁能预知市场在2处之后会跌到什么位置？我们无法预测未来，因此我们必须保护自己免受重大损失。

因此，在这种情况下，既然吃不准，本书给您的只有一条建议：退出市场！

风险管理主要是限制亏损。例如，那些在1处或者2处平仓的人，给自己节省了很大一部分的损失。在这个意义上，节省的损失也是一笔收益！

具体来说，为什么退出市场要比坚持持仓更好呢？因为我们根本不知道市场会暴跌到什么程度，也不知道市场什么时候恢复上涨。通过退出市场，您保存了宝贵的交易资本，这最终会成为您未来交易的基础。

我们进一步假设：如果您有一个严格的风险管理策略，可能已经在1处或2处就退出了市场；随后，在进行市场分析过程中，如果您发现市场暴跌的没您想得那么严重，那么在市场出现恢复上涨的迹象时，又有谁能阻止您重新进场呢？例如，3处就是这样一个重新进场的机会。

再次强调：风险管理主要是限制亏损！

二、按交易计划设定风险管理的重要元素

现在，您可能已经非常注重亏损限制和风险管理了，因此在经过初步思考后，重点是把数据量化。专业风险管理的第一步是在风险层面妥

善规划交易。为了让您了解交易中的风险意味着什么，您能承担多少风险，请看下表：

表 3-1: 回本与亏损比，漫长的回本之路

亏损幅度	回本幅度	回本亏损比
10%	11.10%	1.11
20%	25.00%	1.25
30%	42.90%	1.43
40%	66.70%	1.67
50%	100.00%	2
60%	150.00%	2.5
70%	233.30%	3.33
80%	400.00%	5
90%	900.00%	10
95%	1900.00%	20

注: 小的亏损不需要太多努力就能弥补，但随着亏损的增加，形势会大不相同。一旦亏损幅度超过50%，您必须至少上涨100%才能回本。而如果您的账户亏损了95%，则需要上涨1900%才能回本。难度大得不可想象。

这张表格告诉我们什么信息呢？我们现在知道，交易不仅仅会赚钱，还可能亏钱。这是不可避免的，就好比做生意会产生运营成本，我们会从优秀的商人那里学到，营商时的一个重点就是尽可能地降低成本。您可以从表格中看到当成本失控时出现的后果。

举例来说明：假设您的交易账户有 10000 美元的存款，您用这 10000 美元投资了一只股票。尽管您计划周密，但是该股票还是产生了

10%的亏损。这对您的账户来说意味着什么呢？亏损10%就意味着您整整亏损了1000美元，这笔钱现在已经在您的账户消失不见。这意味着下次交易时，您只剩9000美元。所以下次交易您只能购买9000美元的股票。假如这次您选对了方向，并且通过交易获得了11%的利润。那么这11%的收益，刚好可以弥补您账户中刚开始所产生的损失。如果前面亏损了10%，则下一步要盈利11%才能回本，这一点还可以接受，也在允许的范围内。即使亏损了20%，如果是一名半生不熟的交易者，他也不会被吓倒，并且能在一定的时间内弥补这一亏损。但是从亏损30%开始，情况开始变得不同。您亏损的幅度越大，那您在摆脱亏损、实现回本时面临的挑战就越大。如果出现了50%的亏损——无论是单次亏损还是累计亏损达到50%——这都意味着您的账户必须翻倍才能回本。

假设您能成功让账户翻倍，那么这时就会出现一个问题：为什么您不从一开始就让账户翻倍呢？

您越是深入亏损区，回头路就越难，您会越来越深地陷入无法动弹的境地。一旦账户亏损达到80%，那么您的涨幅要达到400%才能回本。相对于账户里最初的10000美元，此时您只剩下2000美元，您必须再赚8000美元才能回本（翻4倍）。如果您能达到这种交易业绩，那您肯定就要成为顶尖交易者圈子中的一员。

如果这已经让您觉得不可能，那么亏损幅度达到90%以后，回本就会变得更加乌托邦。任何一个能在绝境中让盈利达到900%甚至1900%的人，他在交易者群体中都属于顶尖中的顶尖。

虽然这有点玩笑的意味，但其整个背景都是非常严肃。我们从中得出的结论是，无论如何您都要避免陷入30%以上的亏损区。事实上，您的亏损一定要低于 20%。这样的话，延续我们上面的例子，您所面临的挑战只是用 8000 美元去赚 2000 美元（25% 的利润），实现的概率较高。

因此，风险管理的关键是我们在每笔交易中所承担的风险大小，亏损越大，风险越大。

现在您将要投入交易实践，请诚实地回答自己以下问题：

◆在每笔交易或每个仓位中，您愿意承担多少风险？

当然，对于这个问题也有一些对应的公式和经验法则，我们后面也会讲到。但现在的重点是您要确定出适合自己的风险额度。这完全是一个私人问题，只与您自己的利益相关，之所以提出这个问题也是有原因的。

这是因为出现亏损时，您所定下的风险额度就是从您账户中消失的金额，并且这笔钱会被记录为亏损。这就意味着您不能用这笔钱购买新的股票，您不能用这笔钱度假。这也意味着，您不能用这笔钱满足自己的个人需求。

此时如果您已经感到心痛，这是一件好事。因为先深入思考，再采取行动是有好处的。如果您对自己亏损的资金感到担心：没有人强迫您去交易和冒风险。

只有当您制订出适合自己，并且在亏损后有能力应对的风险金额，您才能大胆地进行交易。只有风险对您适中，您才能在出现亏损时冷静而审慎地分析，并做出进一步的专业决策。

◆为了保险起见，您每笔交易愿意承担多少风险呢？

当然，您在确定风险时也有着一定的浮动空间，理想中这一浮动空间应该与您所考虑的结果相符。因此，您要了解自己的整体财务状况。

为了确定出最优的风险值，我们需要对您的资产有一个具体的了解。实际上，资产的定义相当广泛。有人认为房地产、保险、珠宝和其他贵重物品是资产，这对"资产"一词来说，当然是正确的，但这里所讲到的资产对我们没有帮助。

我们这里所涉及的"资产"指的是您流动的、可用的资产。比如，您有多少流动资金可用于交易？您会用多少流动资金进行交易、存入您的账户？

一方面关注交易账户，另一方面关注流动资产，这种双管齐下的提问方式是有道理的。例如，您可能并不想把全部的现金资产都存入交易账户，但是您却想用全部的现金资产进行交易。

这时您要确保，只使用自己承受范围内的现金进行交易，也就是拿出全部资产的一部分。

在任何情况下，您都不应该把所有的鸡蛋放在一个篮子里，而是始终保持一部分流动性储备，以便在紧急情况下可以重新开始交易。您要时刻留意自己的退休金。这也是专业风险管理和专业资金管理的一部分！

所以，我们假设您对自己的流动现金资产有着精确的记录，并且已经为交易预留了一部分资金。我们进一步假设您已经将 10000 美元存入自己的交易账户。从现在开始，这 10000 美元是我们接下来交易的基础资金。

实际上，根据交易账户的金额来确定承担的风险，已被证明是一个好方法。许多交易者在这里只能承担交易账户的 1% 到 2% 的风险。当然，您也可以只承担低于 1% 的风险，例如只承担交易账户的 0.5%。该金额取决于您的交易账户的大小。您在确定所承担的风险额时，还要始终考虑一点：亏损需要得到弥补。正如我们上面所说过的，您陷入亏损区间越深，回本的路就越漫长越艰难。

因此，您可将 2% 作为您承担的最大风险值，也就是 200 美元。

当然，此刻您已经猜到这一数值实现后（即盈利）对您意味着什么。我们前面已经讨论过您适合多大的风险金额。现在，如果您将盈利与这一金额进行比较：

◆哪个金额更高？

◆哪个金额对您来说更方便？

◆哪个金额让您感到更舒适，无论从心理上还是财务上？

◆哪个金额，即使您持仓过夜，也能安心地睡觉？

请做出您的判断。您在进行计算时，可以通过下面的公式计算出每笔交易承担的风险金额：

$$交易账户 \times 风险百分比 = 风险金额$$

以我们列举的账户为例，也就是：

$$\$10000 \times 1\% = \$100$$

无论百分比是多少，您都应该选择那个让您感觉良好且能让您在晚上安心睡觉的金额。为了计算出风险百分比，我们需要稍微改变公式：

$$\frac{风险金额}{账户金额} = 风险百分比$$

如果您决定承担 75 美元的风险，那么相对于您的交易账户来说：

$$\frac{75}{10000} = 0.75\%$$

确定出交易账户的风险百分比很重要，因为这个值决定了您在开始交易时所使用的金额。您可以轻松地想象出来，您的交易账户绝非静止不动。相反，它是动态的——既可能涨也可能跌。在确定出风险百分比以后，您就能确保自己在进场交易时，始终承担相同的风险百分比。所以，如果您的账户能从 10000 美元增加 10%，就到 11000 美元，那么您承担的风险金额也会增加 10%。

计算过程如下所示：

$$\$11000 \times 1\% = \$110$$

风险百分比保持不变，变化的是风险金额。您的交易账户的绝对风险金额会随着账户的变化而变化。假设您的账户遭受 10% 的损失，那么您下一次交易时风险金额的计算将是这样的：

$$\$9000 \times 1\% = \$90$$

通过这种方式，您就能确保自己是在合适的风险范围内进行交易，并且您的风险金额相对于账户来说不会太高。但如果您保持绝对金额不变，在您遭受损失时，您很快就变得无力回天。

即使您交易时以"感觉良好"的风险金额为指导，我也建议您将其转换为交易账户中的百分比。因为随着账户的增长，这个金额也会增加。如果盈利了，最初的 75 美元很快会变成 80 美元或 90 美元。您当然也可以降低百分比，与您的期望保持一致。然而，这种做法的负面效果则是，它会拉低资金管理的一个重要元素，进而减缓您的账户的增长速度。当然，在交易过程中您必须意识到这一点。

总之，我们可以说，在盈利的好时期，如果根据交易账户的大小去确定风险百分比，会稳步增加风险金额，反过来，交易账户的金额也会稳步增加。而在连续多次亏损的糟糕时期，根据账户大小确定风险百分比，可以稳步降低风险金额。这样，您就确保了自己始终有行动能力并保护自己宝贵的资本，即使在多次亏损的阶段——也就是所谓的"回撤阶段"也同样如此。

此刻，我们本可以结束风险金额这一话题的讨论，并着手下一个要点。不过，我们还需在此话题停留一会儿。

在第一章中，我们讨论了您到底是激进型交易者还是防御型交易者这一问题，询问了您在市场交易或金融产品交易方面有多少经验，也询问了您倾向于长线交易还是短线交易，这都是有具体原因。现在我们再次回到这些问题上来，也请读者再次看一看您的答案。

◆为什么在确定风险金额时，交易者必须有具体的答案呢？

因为在确定风险金额时，您还必须考虑到自己的个人情况。的确，交易账户是您计算风险金额的基础；不过，您并不能按照这样计算出来的风险金额去死板地执行。例如，如果您在市场中采纳防御型交易，那您就要考虑略微降低风险百分比。例如，从 1% 降低到 0.75% 甚至 0.5%。

如果您仅仅是严格遵循上面的公式，您可能从一开始就会对"交易者身份"感到不舒服，交易会变得相当不愉快。因此，在确定风险百分比时，把个人情况纳入考虑也很重要。

此外您还必须把自己在市场交易或金融产品交易的经验纳入风险评估。想象一下，如果您是名新手交易者会出现什么情况呢？可能您还未100% 地了解交易平台和市场，也不了解金融产品，您才刚刚开始交易，就像在现实生活中一样，座右铭是"边做边学"，那么这对风险管理意味着什么呢？当然就是要降低风险！同样地，这里计算出的百分比，仅仅是大致的标准。如果您刚刚接触交易，那我对您只有一个建议：降低风险！承担 0.5% 的风险，甚至更少。随着您经验的增长，您可以逐步增加风险的百分比。

在您职业生涯的初始阶段，重点是尽可能以低廉的价格交学费换经验。始终要记住的一点是，没有人强迫您承担全部风险。您要不断地积累经验，直到您对市场、对交易策略、对金融产品完全有信心，然后再调整您承担的风险百分比。

现在我们脱离理论部分，看看实操方面，案例更具有说服性。瑞克、安娜和彼得已经迫不及待地想和我们分享他们的想法。

首先是瑞克：

> 作为新手，我只有一个小账户。如果我计算风险的方式正确，以账户 1% 的风险，风险金额只有 50 美元。这样的话，我无法取得进展，但……我相信我很快就能承担更高的风险！

瑞克对他承担的风险金额感到失望是可以理解的。许多交易者在刚开始交易时想的都是赚取巨额利润。但是，严格、持续的风险控制才能让一位交易者持续成功。正如瑞克所说：相信自己承担的风险金额很快就会升高，然后就能赚到"巨额利润"。至于交易什么品种，以及采用什么风格，这里应该提到的——特别是在外汇交易中——我们进行能以相对较低的风险进行短线交易。

再看安娜：

　　有了这 25000 美元，我肯定可以有所作为。我每笔交易或每个仓位承担的风险金额是 250 美元，占 25000 美元的 1%。我应付得来，特别是我打算进行长线头寸交易，不会像短线交易者那样受到随机波动的强烈影响。我对长线交易感觉比较舒适，并且我也在考虑根据情况将风险百分比提高到 1.5%。

　　作为头寸交易者，安娜不会像日内交易者那样频繁地进行交易。安娜的总体风险评估结果也是在长期基础上得出的。当安娜说她想视情况把风险百分比提高到 1.5% 时，这一百分比适合她的交易风格，也适合她的账户。

　　最后听听彼得的想法：

　　我很矛盾。实际上，我完全相信自己。我账户中 1% 的风险是 150 美元。我到底要不要承担这一风险呢？我不想冒太多风险，我最好慢慢来。我最初会把自己的风险值调低，设定为 0.75%。所以，我一开始所承担的风险金额最高是 112.50 美元，这样我才能更好地应对。

　　彼得很谨慎，尽管他已经在模拟账户中有了一些经验，但由于彼得认为自己是防御型交易者，所以防御型策略很适合他。

　　我们再通过表格看一下这些信息：

表 3-2: 三名交易者交易方式及风险值

人员	瑞克	安娜	彼得
交易类型	日内交易	头寸交易	波段交易
账户金额	$5000	$25000	$15000
金融产品	外汇	股票，ETF	期货
每笔交易的风险值	1%	1% ~ 1.5%	0.75%
每笔交易的风险金额	$50	$250 ~ $375	最高 $112

我们继续前面的想法，并深入地探讨风险管理：

不要把所有的鸡蛋放在一个篮子里！您需要区分总体风险与单次风险！

本章节内容可能会让您感到惊讶，但仔细一想，这实际上是符合逻辑的。到目前为止，我们所讨论的风险，仅限于单笔交易或单个仓位。

另外一个对交易规划和风险管理同样重要的是总体风险。您现在就有机会去应对另一个问题：

◆**对您来说，您可以接受多高的总体风险呢？**

在您轻率回答这一问题之前，请回想一下，您需要赚取多少利润才能弥补这一损失。

您可能轻松地回答说您能承受 2%、3% 或 5% 的损失。或者您说："我仍然可以接受 1000 美元的损失，这已经在我的风险规划中。"

但如果我们讲的不是单笔亏损的交易，而是一系列亏损的交易呢？您还能大胆地说这也计算之内吗？

您必须意识到，一个交易策略不仅要考虑到单笔交易的亏损，还要考虑到出现一系列亏损的情况。交易时连续出现四次、五次、六次亏损，甚至出现更多次亏损都是正常的,而所有的亏损积累起来,就是总体亏损。在这种情况下,专业的风险管理变得尤为重要。任何人都能应对单次的亏损……但是能从专业角度从容地应对一系列亏损则完全是另一回事。要想做到这一点,重点是您要对下列情况有明确的计划:

1. 您能接受的总体风险是多少?

2. 当亏损额达到这一值时,您该怎么办?

问题 1 同样是一个非常私人的问题。这里也一样,重点是您要"感觉良好"。在任何时候,您都必须能应对这种亏损。您的总体风险到底能不能被接受,关键在于您的家人或配偶能不能接受。您能想象一下您把投资亏损告诉家人时的情形吗:亲爱的,现在我的账户上亏损了15000 美元……

如果家人不能接受,那么您就知道什么金额比较高。一开始看似不经意的玩笑话,很不幸地常常是残酷的真相。如果整体损失变得太高,您不仅会在财务上无能为力,在心理上也会如此。那时您可能会陷入震惊,并可能会错过摆脱亏损的交易机会。那时,您不仅缺乏行动的财务基础,还缺乏对市场、对交易策略以及对自己的信心。

从那一刻起,您面临的巨大危险是您要么放弃交易——这将是令人遗憾的;要么对市场产生"报复"的想法,并绝望地将更多的钱投入亏损的交易中——这同样令人惋惜。

因此,我们要专业地进行风险管理,并认真思考对您来说多高的损失可以接受,并且无论是在财务还是在心理上都可以承受。

不幸的是,这里没有经验法则。实际上,对有些交易者来说,连续亏损五次交易就结束了,资金没有了;而其他人则将他们的亏损限制设定为账户总额的 10%。正如前面说的，这完全属于个人决定。

接下来的问题是，当亏损达到限制时您该怎么办？

许多交易者会立即停止交易，并开始分析市场、分析自己的交易。如果您的投资出现了一系列亏损，那么也建议您去这样做。

原因很简单。如果经过验证的交易策略突然连续几次失败，那么情况就与往常不同了。这可能是由于市场的原因，也可能是由于您自身的原因。在这种情况下，继续交易就没有任何意义。相反，您应该暂停交易并寻找原因：分析您交易的市场和品种，分析您的交易方法与工具，并分析您个人的财务和心理状况，直到您的内心与您交易的市场、交易方法、交易工具再次相协调。

因此，风险管理不仅仅要限制单笔交易或单个仓位的风险，而且还要提前思考您该如何应对交易时连续出现的一系列亏损，以及您想在什么时候中断交易。

要想完整地了解风险，我们还需要关注总体风险的另外两个方面。

您可以设想一下，自己就像安娜一样是个头寸交易者。市场表现良好，您把账户中的全部资金都用来投资。您的投资组合中有十只股票，而且您对它们百分之百有信心。那您需要注意什么呢？

您在对总体仓位进行规划时，您必须牢记投资组合的总体风险！尤其是如果您想长期进行波段交易或头寸交易时，更是如此。您在规划总体风险时，始终要想好退路。尤其在涉及总体风险时，您一定不能冒失去行动能力的风险。考虑到过去几年里，我们已经两次经历全球市场的崩盘，这一点变得尤其重要。

您要设定一个可以接受的金额，当亏损达到这个金额时，就退出市场并清算您的仓位。然后您可以作为一名旁观者清查市场中其余的参与者，并在风暴过后再寻找有利的进场机会。当其他人还在难以置信地看着自己缩水的银行账户时，您却已经再次满仓进场。这就是专业的风险管理！

基于以上考虑，绝大多数交易者可能会结束风险评估，并投入交易中。短线交易的人是日内交易者，长线交易的人是头寸交易者。然而，在这种情况下，我们仍然需要考虑风险管理的最后一个层面。

我们已经在上面提到，在实际交易中，如果单笔交易或单个仓位中只承担账户 1% ~ 2% 的风险，被证明是一个好的做法。不过这是否适用于各种不同的交易风格呢？

假设您想进行日内交易。那么您承担的风险百分比是多少呢？1% ~ 2% 的风险百分比在这里适用吗？可能并不适用。您要始终牢记交易时长。日内交易者的交易频率不同于头寸交易者。头寸交易者的交易次数仅占日内交易者的一部分。二者当然不能承担相同的风险——无论是在百分比上还是在绝对值上都不一样。

我们可以通过数值设想一下。假设您的交易账户上有 10 万美元，而您想进行日内交易。那您想在每笔交易时都能承担 1000 美元的风险吗？在连续五次交易亏损后，您大致上就会亏损 5000 美元或 5%。如果您在 1 分钟图表上交易，如果快的话，可能 10 分钟都用不了就能完成交易。不管您交易后的感受如何，这种交易方法肯定在很短的时间内就能消耗掉您账户中的风险资金。

所以，您在市场中交易的时间越短，每个仓位承担的风险百分比就越低。短线交易存在较高的交易频率，也就是交易次数多，意味着您承担的总风险过高。相反，如果您想在市场中进行长线交易的话，您可以适当提高风险百分比。如果您进行长线的投资，那么与短线的投资相比，您一年中交易的次数会比较低。

我们在第一章里提到——专业的风险管理还包括一条：不要把账户中的所有资金都投入一只股票或一个市场，这时我们就要将单次交易的风险百分比与总风险百分比相结合，您的投资组合要多样化。这意味着您的投资组合中，要混合多个行业、多个国家和地区、多个品种，理想情况下还要包括货币。

现在我们对风险管理的思考就告一段落，并再次关注风险管理在实际交易中的运用。我们的三位交易者怎么设计风险的呢？

先从瑞克开始：

作为外汇市场中的一名日内交易者，我不太担心投资组合结构。对我来说比较重要的是小心谨慎，不要同时在不同的外汇比值上沿同一方向交易。我会交易那些不相等且不一致的货币。否则，我会在连续亏损五次交易后休息一周。如果发生这种情况，我会进行深入分析。我认为交易账户中最大的总风险在 15% 附近比较合适。如果达到这一风险值，我肯定会结束这个月的交易。然后我会转而使用模拟账户来提高我的技能，而不再进一步承担风险。不过由于我渴望盈利，因此对我来说这只是个理论上的选择……

瑞克对他的评估是正确的。在外汇市场里，有些外汇比值与其他外汇比值同步移动，这实际上可以被视作同一笔交易。15% 的总风险与他的评估相符。瑞克在亏损达到 15% 时就暂停交易，这一点很重要。如果当月最大限度亏空，他会对市场进行深度分析，并对自己的交易质疑，然后会使用模拟账户继续交易。这样，瑞克仍然活跃在市场上，但不用承担任何风险。

安娜的总风险设计：

我采用的是经典的 10% 的总风险。我喜欢关于多样化的说法，并且我会把多样化纳入我的分析。这样，我就能避免在一个行业或一个领域进行重复的投资。无论如何，我都会在每次交易后进行回顾性分析，并且我会在周末定期去观察市场。对我来说，10% 的总风险更像是一个限制。一旦亏损达到 10%，我肯定会停止交易一个月。

作为一名头寸交易者，随着安娜在周线图上交易，她注重长线目标。在亏损达到 10% 或连续亏损多次以后，到底是否该停止交易，这完全取决于她自己。

最后看彼得的设计：

这是个棘手的问题。我觉得，如果要让我告诉家人自己刚刚亏损了 1500 美元，那对我来说会很困难。对我来说，如果总体损失达到 5%，这个月肯定就完了，我要独自承担 750 美元的损失，我不想发生这种情况。实际上，在连续亏损 4 次后，我已经产生了不好的预感。然后，我就要坐下来分析市场、分析自己的交易策略。此外，我也用模拟账户进行交易。因为只有这样，当我的想法和市场再次匹配时，我才能及时发现。

彼得是防御型交易者，他会特别关注自己的财务状况和心理舒适区。因为这样他能确保自己的情绪稳定，并自信地做出决策、采取行动。

上述几种情况的表格组成如下：

表 3-3：瑞克、安娜、彼得总风险设计一览

人员	瑞克	安娜	彼得
总风险百分比	15.00%	10.00%	5.00%
总的风险额	$750	$2500	$750

至此我们已经详细讲解了如何控制亏损，并将风险最小化。很明显，交易中无论如何您都会防范单笔交易的风险，不过您同时也应该注意总风险。

到目前为止，以上这些都只是抽象的想法和概念。现在我们进一步探讨一下，采用哪些方法能帮助您加强专业的风险管理。

三、归根结底的问题：如何保护您的仓位免受亏损？

风险管理就意味着限制亏损。现在，我希望您已经彻底消化了这一

概念，这有助于您在交易中保护自己的资金，并维持自己的财务基础。然而，这一概念本身对您的帮助也比较有限。因为关于限制亏损，目前您只知道在价格到达某个位置后，就要退出交易。但这还不够，下一步我们要判断什么时候不该继续持仓，而要清空仓位并结束交易。

为了能做出这一判断，我们重点要知道：交易是建立在概率的基础之上。由于我们无法预测未来，所以我们不可避免地要利用概率来为自己把握方向。当我们分析一只股票或分析一个市场时，最终都会归结为一个问题：该股票或市场接下来最有可能朝哪个方向运行？我们有很多种分析方法可以解答这一问题，答案就介于艺术、科学和神秘主义之间。这些方法都有一个共同的目标，那就是预测出市场接下来的大概运行方向。当然了，这种预测相当模糊，而这也正是您要采用严格的风险管理的原因——如果市场的运行方向与您预测的方向相反，您就要进行止损。

您在做交易计划时，还会遇到另一个问题：您的股票或市场什么时候不再朝您希望的方向运行？

在考虑是否进行交易时，您必须根据概率做决定而不是根据事实来做决定。如果您决定进场交易，那么您在做决定的同时，也存在不确定性。这里的不确定性在于您不知道交易到底会盈利还是会亏损。您根本就无法知道。所以您的决定必须符合概率。至于这些概率是否准确，您还是不知道。

作为一名专业的交易者，您的任务是把交易中的不确定性转化为计划中的确定性。这种确定性指的是您知道自己到底会盈利还是会亏损。您可以毫无疑问地提前做出假设，并进一步明确这种确定性。

您通过做详细的准备，对什么比较有把握？

当您开启一笔交易时，您就已经知道在正常情况下，您最多会损失多少。这是您已经定下的数额，这个数额对您来说是确定的。

现在您要做的就是把上面思考的这些内容整合到一起，来制订您的交易计划：

1. 您要根据概率来制订交易计划。因此，一定存在一个点，到了这一点，您的交易就不再有盈利的可能——即概率为零。

2. 在这一点上，您知道您最多会损失多少，这是您单笔交易的固定风险。

而这一点就是您初始的止损，是您在做交易计划、在开启交易后设定的止损。这一节点也是您意识到交易出现亏损后毫不犹豫结束交易的位置。

判断止损位置的方法有好几种。特别是长线投资者，他们经常说自己不想利用价格来精确地设定止损，而是更愿意根据基本面设定止损。这是非常危险的，因为当基本面出现变化时，市场很可能已经出现了大幅下跌。我们前述已经讨论过这一点。

然后还有些交易者会设定止损百分比。例如，他们会说，"如果亏损达 5%，我就会退出这只股票的交易！"当然了，这种说法非常笼统，而且市场有可能正处于修正阶段，市场的修正并不一定会危及这笔交易，也不会影响交易取得成功的概率。如果您在市场修正阶段退出交易，那就太可惜了。如果您采用固定百分比形式的止损，这种一刀切的方法在实践中并不奏效，而且往往会产生不好的结果。

在实际交易中，根据图表设定的止损被证明是有效的。这种方法的优势在于，我们不仅可以根据图表来确定进场点，还可以根据图表确定离场点。

请借此机会选出自己喜欢的图表，您看到了什么？

您会发现价格会按照一定的波段规律运行。价格先是朝一个方向移动，然后再朝另一个方向移动，接着在下一个波段中再次朝原来方向移动。如果价格不断以这种方式创新高，并且低点也在不断走高，那么我们就称之为上升趋势。另一方面，当价格不断创新低，并且高点也不断走低时，我们称之为下降趋势。图 3-2 中分别展示了这两种运行方式：

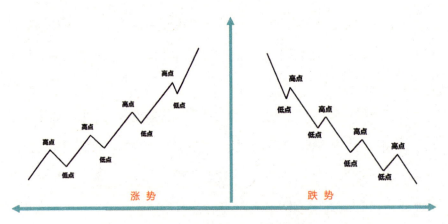

图 3-2：上升趋势与下降趋势

注：左边高点和低点不断抬升（涨势），右边高点和低点不断下降（跌势）。

到目前为止，我们一直假设您是多头交易，沿上升趋势进行交易。当然，您也可以沿另一个方向交易——即作为空头，沿下降趋势交易。空头交易其实也是相同的理论，只不过采用了不同的符号。本书中为了避免把内容复杂化，我们接下来仍会假设您进行的是多头交易。

图表分析对于判断未来的价格走向特别有效。您可以利用图表判断出价格到达一定的位置后（压力位和阻力位），大概率就不再继续朝该方向运行。

例如，对于上升趋势来说，一旦价格跌破了前一个低点，我们就可以说，趋势继续上升的可能性已接近于零。因为这打破了高点和低点不断走高的规律。所以您就可以把止损设置在这里（图3-3红圈处）。

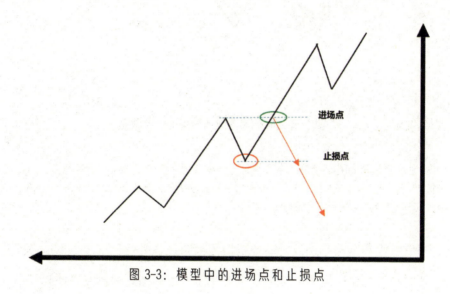

图 3-3：模型中的进场点和止损点

注：止损的位置就是交易成功概率为零时的位置。当价格跌破前一个低点时，高点和低点不断走高的规律就被打破了，这时趋势就会受到威胁。

在实际交易过程中，止损是如何设置的呢？为此，我们以道琼斯工业指数为案例（图3-4）来说明：

大多数交易者都希望能尽早地进入新出现的上升趋势。道琼斯指数在1处产生一个低点后，接着上涨到了2处的阻力位。不出所料，接着道琼斯指数再次下跌。而要想下跌趋势能持续，道琼斯指数必须跌破1处。

图 3-4：道琼斯工业指数，日线图

注：道琼斯指数回落到1处后，上行时恢复到2处的阻力位，接着指数又修正到了3处，接着再次上涨，并在突破阻力位后到了4处，是进场点，这里形成了新一轮的上升趋势。来源：www.tradingview.com

但是它并没有跌破，相反，道琼斯指数回调到3处就停下了，形成了比1处更高的低点。显然，市场参与者此时不想卖出，而且似乎还有其他市场参与者提供了额外的购买力。因此道琼斯指数在3处逆反上涨。为了能尽早进入新趋势，2处就是个不错的价位。所以当道琼斯指数突破上一个高点（也就是2处，同时这也是阻力位）时，就是个不错的进场点。

由此，我们就已经确定了起点。

接下来，我们需要判断出，价格到达图表中的哪个位置时，我们就认为它不会进一步上涨。这是图3-4中的3处，如果道琼斯指数跌破该点，它就会创下新低，这一点就是您的止损位。如果价格跌破这一点，您就要平仓以避免出现重大损失。

现在您已知道该什么时候进场，也知道什么时候该止损以便离场，但这仅限于理论，不幸的是，在实际交易过程中，知道和行动之间往往存在一段距离。因此我们给出的建议是：一旦开启交易，您就要设置好止损。这对当下的交易平台来说不成问题，并且可以和买入单同时设置。这样做对您有好处：您在精神上和时间上都得到了解脱，不必整天坐在电脑前，也不必在交易过程中犹豫不决，反复衡量，重新解读图表。

在面对止损时，重点要注意：您在任何情况下都不得将其从市场中移除或降低标准。止损是用来给您限制亏损、保护您免受意外损失的。即使您非常不幸地在市场正好达到最低点时被止损出局，这总比市场崩盘时让您感觉要好。因为这只是暂时的，您随时可以找到新的进场点，但是亏损后想要东山再起，就没那么容易了。

至此，我们已经探讨了交易规划过程中，所有和风险相关的元素。现在我们对各个问题做一下总结，并以此来判断您在一笔交易中想用多少资金、能用多少资金、可能会用多少资金。

四、一张牌定胜负，这才是您判断最佳仓位的方法

除了要确定出所承担的风险之外，风险管理中还有一个重点是确定出仓位的最佳尺寸。

不幸的是，许多交易者都不知道这一点。他们的交易金额相对于账户总额来说总是偏大，在不知不觉中就承担了比原计划更高的风险。因此，确定仓位的最佳尺寸，是风险管理中的决定性因素，同时也是风险

和止损之间的桥梁。

您可能会想："我知道了风险，不就能确定出交易中所有的细节了吗？而知道了止损，我就知道了什么时候该退出交易。"事实上，正是这一思路才让成功的交易者不同于其他亏损的交易者。毕竟在相同系统、相同策略和相同条件下，仓位的大小决定了您交易报表上最后的数字到底是盈还是亏。因此，在确定仓位大小时，我们要对比不同的方法，找到最适合您的方法。

设定仓位大小的方法有很多。理论上最简单的方法，当然就是把所有筹码压在一张牌上，用账户中的全部资金买同一只股票。但这种方法不好，原因我们已经讲过很多次了。

另一种让交易变轻松的方法，就是在购买股票时，每次交易都购买相同手数的股票。特别是您在频繁交易少数几个市场时，很快就会形成这种习惯。比如：如果您交易外汇，这就代表着您每次都交易 5 万欧元或 5 万美元，您甚至可能已经在交易平台上将该值固定，并且每次都会交易相同的数额。再比如：如果您专门交易 XY 公司的股票，您可以每次都交易 100 股。不管股票价格如何，总是 100 股。

我们来看一个例子。我们的交易账户仍然采用 10000 美元。至于风险，我们不想让风险超过账户总额的 1%；而止损是我们根据技术分析设置的，并且该止损会一直保留，直到它被触发或者我们主动止盈获利。我们想让交易变轻松，于是每次交易都购买 10 股 XY 公司的股票，这样就符合我们的风险管理标准。我们进行了 10 次交易后，回顾发现各有 5 次盈利和 5 次亏损。

结果如下表所示：

表 3-4：连续 10 次交易的结果，每次交易为 10 股

编号	进场价	止损价	距离止损的点数	股数	风险金额	仓位大小	离场价	盈亏点数	交易结果	累计余额
									本金	$10000.00
1	100	85	15	10	$150.00	$1000.00	85	−15	−$150.00	$9850.00
2	110	100	10	10	$100.00	$1100.00	125	15	$150.00	$10000.00
3	140	120	20	10	$200.00	$1400.00	120	−20	−$200.00	$9800.00
4	120	105	15	10	$150.00	$1200.00	105	−15	−$150.00	$9650.00
5	135	115	20	10	$200.00	$1350.00	165	30	$300.00	$9950.00
6	160	145	15	10	$150.00	$1600.00	185	25	$250.00	$10200.00
7	185	175	10	10	$100.00	$1850.00	175	−10	−$100.00	$10100.00
8	185	170	15	10	$150.00	$1850.00	205	20	$200.00	$10300.00
9	95	90	5	10	$50.00	$950.00	103	8	$80.00	$10380.00
10	110	100	10	10	$100.00	$1100.00	100	−10	−$100.00	$10280.00
										$10280.00

我们可以在表 3-4 中看到，10 次交易后，我们整体上取得了一个盈利的结果。这是个好消息，但是，这里有一个大大的"但是"。这是因为，如果我们深入观察交易细节，就会暴露出这种方法很危险。我们假设的是，我们每次都购买 XY 公司的 10 股股票，并根据技术分析来确定止损。这会导致止损点既可能离入场点更远，也可能更近。相应地，风险有时与我们的预期较近，有时则较远。因此，有些交易的风险只有计划中的一半，而有些交易的风险可能会是计划的两倍。

这当然不是最优的交易方法。当我们的交易从 5 笔盈利变为 4 笔盈利时，这一点就会变得尤为明显，结果大不一样。

例如，我们假设上表第 8 笔交易没有盈利，而是亏损。那么通过表 3-5 来看结果会是什么样子？

如表 3-5，如果我们把盈利较大的第 8 笔交易变成亏损的交易，情况就会反转。这并不奇怪，我们不仅盈利会降低，而且还会遭受亏损。最重要的是，我们的交易最终会以亏损结束，而且一定会对亏损的投资组合产生抱怨。

那么，如果第 8 笔交易盈亏持平而未亏损，结果如何呢？

表 3-6 的结果是：大概不会遭受亏损，而是会以近乎零利润的结果离场。其实许多交易者都会有账面出现盈利的时候，但他们还未止盈，市场可能就突然失去了动量。在这种情况下，许多交易者都会在转盈为亏前，就找机会离场。

表 3-5：10 次交易只有 4 笔盈利的情况

编号	进场价	止损价	距离止损的点数	股数	风险金额	仓位大小	离场价	盈亏点数	交易结果	余额
									本金	$10000.00
1	100	85	15	10	$150.00	$1000.00	85	−15	−$150.00	$9850.00
2	110	100	10	10	$100.00	$1100.00	125	15	$150.00	$10000.00
3	140	120	20	10	$200.00	$1400.00	120	−20	−$200.00	$9800.00
4	120	105	15	10	$150.00	$1200.00	105	−15	−$150.00	$9650.00
5	135	115	20	10	$200.00	$1350.00	165	30	$300.00	$9950.00
6	160	145	15	10	$150.00	$1600.00	185	25	$250.00	$10200.00
7	185	175	10	10	$100.00	$1850.00	175	−10	−$100.00	$10100.00
8	185	170	15	10	$150.00	$1850.00	170	−15	−$150.00	$9950.00
9	95	90	5	10	$50.00	$950.00	103	8	$80.00	$10030.00
10	110	100	10	10	$100.00	$1100.00	100	− 10	−$100.00	$9930.00
										$9930.00

表 3-6：第 8 笔交易变为盈亏持平的情况

编号	进场价	止损价	距离止损的点数	股票数量	风险金额	仓位大小	离场价	盈亏点数	交易结果	余额
									本金	$10000.00
1	100	85	15	10	$150.00	$1000.00	85	−15	−$150.00	$9850.00
2	110	100	10	10	$100.00	$1100.00	125	15	$150.00	$10000.00
3	140	120	20	10	$200.00	$1400.00	120	−20	−$200.00	$9800.00
4	120	105	15	10	$150.00	$1200.00	105	−15	−$150.00	$9650.00
5	135	115	20	10	$200.00	$1350.00	165	30	$300.00	$9950.00
6	160	145	15	10	$150.00	$1600.00	185	25	$250.00	$10200.00
7	185	175	10	10	$100.00	$1850.00	175	−10	−$100.00	$10100.00
8	185	170	15	10	$150.00	$1850.00	205	0	$0.00	$10100.00
9	95	90	5	10	$50.00	$950.00	103	8	$80.00	$10180.00
10	110	100	10	10	$100.00	$1100.00	100	−10	−$100.00	$10080.00
										$10080.00

您可以看到，最终结果盈利较低。当然了，虽然盈利交易和亏损交易完全是随机分布的，但这就是我们日常交易时的情况。您必须在随机的条件下获得最好的交易结果！

总的来说，只要我们大多数的交易都能盈利，这种固定手数的交易策略就是盈利的。但如果我们大多数的交易中以亏损居多，那这种交易策略就可能迅速带来不成比例的亏损。这主要是因为我们每笔交易的风险都在变化，结果就像是在赌博，而不是在进行专业的交易。这种交易方法的一个特别危险之处在于，如果止损设置得太远，我们就要承担过高的风险。由此产生的亏损可能会很快让我们陷入失败的境遇。关于固定手数交易法的另一个关键是：当交易账户的金额发生变化时，这种方法就缺乏灵活性。

我们知道，如果一直交易相同股数的股票，所产生的结果差异较小，那如果每次交易不同股数的股票，结果会怎样呢？

您可以每次都交易大致相同金额的股票，这样您每次交易的仓位大小就都一致，并且每次的投资风险也得到了有效控制。

照此思路，接下来我们假设，我们每笔交易的仓位都是账户中1万美元的10%。所以，我们每次都购买1000美元的XY公司的股票。而在没有半股时，我们就向下取整。每笔交易的仓位金额大致相同时，交易结果如何呢？

表 3-7: 连续 10 次交易, 仓位大致相同, 5 笔盈利 5 笔亏损的情况

编号	进场价	止损价	距离止损的点数	股数	风险金额	仓位大小	离场价	盈亏点数	交易结果	余额
									本金	$10000.00
1	100	85	15	10	$150.00	$1000.00	85	−15	−$150.00	$9850.00
2	110	100	10	9	$90.00	$990.00	125	15	$135.00	$9985.00
3	140	120	20	7	$140.00	$980.00	120	−20	−$140.00	$9845.00
4	120	105	15	8	$120.00	$960.00	105	−15	−$120.00	$9725.00
5	135	115	20	7	$140.00	$945.00	165	30	$210.00	$9935.00
6	160	145	15	6	$90.00	$960.00	185	25	$150.00	$10085.00
7	185	175	10	5	$50.00	$925.00	175	−10	−$50.00	$10035.00
8	185	170	15	5	$75.00	$925.00	205	20	$100.00	$10135.00
9	95	90	5	10	$50.00	$950.00	103	8	$80.00	$10215.00
10	110	100	10	9	$90.00	$990.00	100	−10	−$90.00	$10125.00
										$10125.00

　　我们的进场价、止损价和离场价保持不变,只不过仓位大小大致相同。仓位的大小不仅改变了购买的股票数量,还改变了每笔交易所对应的风险。这里我们交易的风险同样经常高于或低于所期望的1%。结果导致,我们一方面承担了不成比例的高风险,另一方面又未能充分利用交易机会。我们可以看到,最终的结果仍然逊于固定手数交易法所取得的结果,其中部分原因是每笔交易的手数减少所致。

　　按照表3-7中的数据,如果第8笔交易同样变盈利为亏损,结果会是什么样子呢? 请看表3-8。

　　这种交易方法的总体结果虽然略好于固定手数的交易方法,但我们的账户仍在亏损。所以这种仓位设置与最佳仓位设置相比,同样还有一些差距。

　　我们继续来看: 在表3-8的基础上,如果第8笔交易盈亏持平,我们看总体会是什么结果(表3-9)。

　　表3-9中,第8笔交易盈亏持平时,虽然整体的结果是盈利的,但实际上并未增加多少金额。

　　幸运的是,我们还有第三种方法来确定最佳仓位的大小。我们的第一种方法是维持交易的股数不变; 第二种方法是维持仓位大小基本相同; 第三种方法,我们会尝试固定风险的比例。这也许会给我们带来更好的结果,也许不会。

表 3-8: 仓位大致相同, 第 8 笔交易处于亏损状态的情况

编号	进场价	止损价	距离止损的点数	股数	风险金额	仓位大小	离场价	盈亏点数	交易结果 本金	余额
									本金	$10000.00
1	100	85	15	10	$150.00	$1000.00	85	−15	−$150.00	$9850.00
2	110	100	10	9	$90.00	$990.00	125	15	$135.00	$9985.00
3	140	120	20	7	$140.00	$980.00	120	−20	−$140.00	$9845.00
4	120	105	15	8	$120.00	$960.00	105	−15	−$120.00	$9725.00
5	135	115	20	7	$140.00	$945.00	165	30	$210.00	$9935.00
6	160	145	15	6	$90.00	$960.00	185	25	$150.00	$10085.00
7	185	175	10	5	$50.00	$925.00	175	−10	−$50.00	$10035.00
8	185	170	15	5	$75.00	$925.00	170	−15	−$75.00	$9960.00
9	95	90	5	10	$50.00	$950.00	103	8	$80.00	$10040.00
10	110	100	10	9	$90.00	$990.00	100	−10	−$90.00	$9950.00
										$9950.00

表3-9：仓位大致相同，第8笔交易盈亏持平时的情况

编号	进场价	止损价	距离止损的点数	股数	风险金额	仓位大小	离场价	盈亏点数	交易结果（本金）	余额
										$10000.00
1	100	85	15	10	$150.00	$1000.00	85	−15	−$150.00	$9850.00
2	110	100	10	9	$90.00	$990.00	125	15	$135.00	$9985.00
3	140	120	20	7	$140.00	$980.00	120	−20	−$140.00	$9845.00
4	120	105	15	8	$120.00	$960.00	105	−15	−$120.00	$9725.00
5	135	115	20	7	$140.00	$945.00	165	30	$210.00	$9935.00
6	160	145	15	6	$90.00	$960.00	185	25	$150.00	$10085.00
7	185	175	10	5	$50.00	$925.00	175	−10	−$50.00	$10035.00
8	185	170	15	5	$75.00	$925.00	185	0	$0.00	$10035.00
9	95	90	5	10	$50.00	$950.00	103	8	$80.00	$10115.00
10	110	100	10	9	$90.00	$990.00	100	−10	−$90.00	$10025.00

照此思考，我们假设：账户金额为 1 万美元，每笔交易只承担 1%的固定风险，也就是 100 美元。那么在其他条件不变的情况下，结果会是什么样子呢？

表 3-10 看出，这样交易的结果同样是盈利的，还不错。接着我们深入分析一下，这个结果是怎么来的？我们在每笔交易中，几乎都保持着大致固定的仓位风险。由于不存在半股，因此我们必须再次四舍五入，这也稍微降低了风险。由于风险固定，因此每笔交易的股份数量和仓位大小都有所不同。

而通过固定风险，我们在交易中获得了我们想得到的东西。当止损距离进场点较近时，我们交易的股份较多；当止损距离较远时，交易的股份则较少。由于风险始终固定不变，因此我们能通过交易不同数量的股票而捕捉到机会获得较高的利润。

在表 3-10 的基础上，如果我们再次将第 8 笔交易由盈利变成亏损，结果会是什么样子呢？

这样就好了。交易时保持风险固定是能产生回报的。无论止损距离进场点较远还是较近，这都不影响。这就是为什么说，即使我们的成功率低于 50%，只要我们有良好的资金管理并耐心等待，我们就能盈利。在表 3-11 这个案例中，即使成功率只有 40%，我们的总体结果也能盈利！

最后，在表 3-11 的基础上，我们来看第 8 笔交易盈亏持平时的结果。

表 3-10：按 "固定风险" 交易产生的结果

编号	进场价	止损价	距离止损的点数	股数	风险金额	仓位大小	离场价	盈亏点数	交易结果	余额
									本金	$10000.00
1	100	85	15	6	$90.00	$600.00	85	−15	−$90.00	$9910.00
2	110	100	10	10	$100.00	$1100.00	125	15	$150.00	$10060.00
3	140	120	20	5	$100.00	$700.00	120	−20	−$100.00	$9960.00
4	120	105	15	6	$90.00	$720.00	105	−15	−$90.00	$9870.00
5	135	115	20	5	$100.00	$675.00	165	30	$150.00	$10020.00
6	160	145	15	6	$90.00	$960.00	185	25	$150.00	$10170.00
7	185	175	10	10	$100.00	$1850.00	175	−10	−$100.00	$10070.00
8	185	170	15	6	$90.00	$1110.00	205	20	$120.00	$10190.00
9	95	90	5	20	$100.00	$1900.00	103	8	$160.00	$10350.00
10	110	100	10	10	$100.00	$1100.00	100	−10	−$100.00	$10250.00
										$10250.00

表 3-11："固定风险"交易，第 8 笔交易变为亏损的情况

编号	进场价	止损价	距离止损的点数	股数	风险金额	仓位大小	离场价	盈亏点数	交易结果 本金	余额
										$10000.00
1	100	85	15	6	$90.00	$600.00	85	−15	−$90.00	$9910.00
2	110	100	10	10	$100.00	$1100.00	125	15	$150.00	$10060.00
3	140	120	20	5	$100.00	$700.00	120	−20	−$100.00	$9960.00
4	120	105	15	6	$90.00	$720.00	105	−15	−$90.00	$9870.00
5	135	115	20	5	$100.00	$675.00	165	30	$150.00	$10020.00
6	160	145	15	6	$90.00	$960.00	185	25	$150.00	$10170.00
7	185	175	10	10	$100.00	$1850.00	175	−10	−$100.00	$10070.00
8	185	170	15	6	$90.00	$1110.00	170	−15	−$90.00	$9980.00
9	95	90	5	20	$100.00	$1900.00	103	8	$160.00	$10140.00
10	110	100	10	10	$100.00	$1100.00	100	−10	−$100.00	$10040.00
										$10040.00

表 3-12: "固定风险"交易，第 8 笔交易盈亏持平的情况

编号	进场价	止损价	距离止损的点数	股数	风险金额	仓位大小	离场价	盈亏点数	交易结果	余额
									本金	$10000.00
1	100	85	15	6	$90.00	$600.00	85	−15	−$90.00	$9910.00
2	110	100	10	10	$100.00	$1100.00	125	15	$150.00	$10060.00
3	140	120	20	5	$100.00	$700.00	120	−20	−$100.00	$9960.00
4	120	105	15	6	$90.00	$720.00	105	−15	−$90.00	$9870.00
5	135	115	20	5	$100.00	$675.00	165	30	$150.00	$10020.00
6	160	145	15	6	$90.00	$960.00	185	25	$150.00	$10170.00
7	185	175	10	10	$100.00	$1850.00	175	−10	−$100.00	$10070.00
8	185	170	15	6	$90.00	$1110.00	185	0	$0.00	$10070.00
9	95	90	5	20	$100.00	$1900.00	103	8	$160.00	$10230.00
10	110	100	10	10	$100.00	$1100.00	100	−10	−$100.00	$10130.00
										$10130.00

好极了，表 3-12 中的结果和上面两种结果一样，也是盈利的。

我们还能继续深化固定风险交易这一概念。在我们上面的几种交易中，我们实际上已经以账户的初始金额为基础，将风险值进行了固定。在一定的金额内，这种方法是完全可行的。当然，随着账户金额的增长，情况也会有所不同。到那时候，建议您不要按照原始的账户金额为基准，而是以当前的账户金额为准。这样就能进一步加强固定风险交易的优势，这就是为什么我们总喜欢谈论"固定风险百分比"的原因。

在确定风险时我们注意到，在亏损时有一个自动刹车。因为账户规模变小时，处于风险中的绝对金额就会变小，因此仓位大小也会变小。唯一保持不变的是风险百分比。

这样我们就能在牛市时期连续盈利，账户金额快速增长；而在熊市时期减缓账户亏损的速度。这种自动刹车和自动加速的效果，是我们在采用固定手数交易时所没有的，在固定金额交易中也没有。这也是这两笔交易的结果较差的原因。我们将在本书的最后一章再次探讨这种效应。

所以，我们要采用固定风险百分比的方法进行交易，并且要让您的风险管理变得更专业，重要的是让您赚到钱！

瑞克、安娜和彼得是如何将我们的发现应用于实际交易中的呢？我们来听一下他们三位的想法：

瑞克的想法：

止损对我来说非常有用。特别是我在外汇交易时会使用杠杆，所以风险控制对我来说非常重要。控制风险的最佳方法是技术分析。实际上，我一直都想按照固定金额 10000 美元去交易，但是固定风险更合理。幸运的是，我的经纪人也允许我按照较低的手数、按照较低的金额去交易，这样我就可以始终维持相同的风险百分比。

瑞克提到了两个要点，需要我们详细解释。

第一，瑞克的账户上只有 5000 美元，但他交易的金额却是 10000 美元或更高。这是因为外汇交易并非按 1:1 的比例进行，而是按 1:100 或更高的比例进行"杠杆"交易，因此 2 倍可以轻松实现。理论上通过杠杆，瑞克的交易金额能达到其本金的 100 倍。当您利用杠杆交易时，对您来说最重要的是谨慎的风险管理。

第二，瑞克谈到了低手数交易。外汇交易中，许多经纪商都提供低额和超低额的交易，这样就能使得您的风险管理可以和仓位大小精确地相匹配。这样的话，即使您的账户金额较低，也能专业地交易。

安娜是什么想法呢？她是如何确定仓位大小的呢？

由于我主要想根据周线图进行股票或ETF的长线交易，所以止损通常离我的进场点较远，所以我只能购买少量的股票。但是反过来，这样我也能将多只股票添加到我的投资组合中，这样我会获得更多的差价。由于我主要是防御型交易，因此我在确定仓位大小时，往往会向下取整。

安娜在这里提出了另一个有趣的观点。由于止损距离进场点较远，她只能购买较低的仓位，因此她也有机会在投资组合中增加更多不同的股票，从而增加获利的机会。所以，不用多说，她一定是特别注意自己的总风险。

最后，让我们听听彼得的想法。

对我来说，资金管理相对简单。当然了，我也会根据各种规则去进行技术分析。我更喜欢将止损设置得离进场点稍远一些，这样我就不会被不愉快地止损出局。毕竟，我想给市场一个呼吸的机会。这也决定了我进行每笔交易时的仓位大小。

本章重点摘要

★风险管理有助于您及时摆脱"绩效杀手"，并维持好您的财务基础。

★在实际交易过程中，当出现不成比例的大幅亏损时，漫长回本之路是个无解的难题。如果亏损达到50%，您就必须获得100%的收益才能回到起点。因此，为了保证您始终都有行动能力，很重要的一点是，您要确保每笔交易的风险，无论是从精神上还是财务上，您都能承受。该风险金额是根据您的交易账户来确定的，通常介于账户总额的1%到2%之间。

★除了单笔交易的风险之外，设置一个限制总风险的金额也很重要。同时，您应该制订一个计划，指示您达到这一金额时应该怎么做。为了保护您的交易免受不成比例的损失，您有必要设定一个交易成功概率为零的点，而这个点就是您的止损。在实际交易中，止损是通过图表中的标记所确定的，最好在进场时就设置好止损。

　　★最佳仓位大小可以通过止损和每笔交易所承担的风险来确定。风险百分比是根据交易账户金额的大小来固定的，至于每笔交易会购买多少手股份、使用多少金额则视交易情况而异。

第四章

资 金 管 理

关于交易，有一条众所周知的经验法则："限制您的损失，让利润奔跑。"这条充满好意的法则主要是送给市场中的新手。但是，如果我们一直按照这条法则操作，真的是明智的吗？

在实际交易中，有些极端情况下，我们必须思考，如果交易者开启一笔交易、设置好止损后就放任自流，会发生什么情况。他们往往没有明确的交易目标，而把盈利寄托于运气。您能说这种交易方法专业吗？

虽然交易需要"呼吸的空气"，交易开启后价格需要自由地浮动，这一点无可争议。但是，我们就该这样让交易放任自然吗？

为了能成功地让利润奔跑，要有一个只会出现小幅回调的趋势。只有这样，理论才能与实践相符：但是与上下震荡的横盘趋势相比，这样的趋势我们有多少呢，又能持续多久呢？

因此，我们必须批判性地审视这一法则。如果您在横盘市场中遵循这一法则会发生什么情况呢？您的账面利润会随着市场的上下震荡而频繁回到初始位置。

这种交易策略更类似于一场投机游戏，结果存在很大的不确定性。如果有一次交易成功并且产生了高额利润，喜悦当然是巨大的。然而，更多的交易都是小利润、盈亏平衡或在亏损后被止损了。总之，我们可以说："除了产生了一些交易费用，不会取得任何结果。"这对认真的交易者来说更加令人恼火。

除了未能盈利之外，还有另一个问题。设想一下，如果您投入大量时间进行技术分析、识别出一只股票，并根据您的交易策略开始了一笔交易；接着您的交易想法奏效了，您看到账面利润稳步增加。由于您想让利润奔跑，于是您给市场留下浮动的空间。接着该来的一定会来——动量减弱、价格开始下跌，之前可观的账面利润就像阳光下的黄油一样消融了。

设想一下，如果这种情况不止一次地发生，而是您交易中的三分之一都是如此。那么现在请问问您自己：

◆您对自己的交易策略还有多少信任？

◆您对自己以及对自己的技术分析还有多少信任？

◆您如何才能安全地进行交易？

◆您在开始下一笔交易时期待实现什么目标？

剩下的全是挫败感。无论是对投入的时间、对丢失的利润以及对情绪的变化都有挫败感。偶尔出现一次获利颇丰的好交易，对您的统计数据也没什么帮助。在许多情况下，已经触手可及利润却又消失得无影无踪，这种挫败感简单地说太大了，以至于您无法建立起对自己以及对交易策略的稳定信任。

最终，这种交易方法的结果就是：您会不断地希望出现一笔盈利高的交易来弥补众多小幅亏损的交易。在这种情况下，人们很快会说："如果我那时候买进了 XY 股票，现在一切都会好起来……"而接下来必然出现的问题就是："您究竟打算什么时候退出这笔盈利的交易？"

"让利润奔跑"这一说法，还有最后一个关键点。在本书的开头，您曾问过自己：想通过交易实现什么目标？您还记得吗？很好，现在我们假设您的目标，就是希望通过交易赚钱。

问问您自己："我是想把自己的目标留给运气呢？还是想通过持续的盈利来实现呢？"

至此，我们结束风险管理的讨论，开始思考具体的盈利目标以及目标如何实现，并向专业的资金管理迈出我们的第一步。

一、从风险管理到资金管理：限制风险对利润有什么影响？

为了限制风险，我们认定交易建立在概率的基础之上，我们要把止损设置在交易成功概率不存在的位置。通过对不成比例的亏损进行止损，并以概率为导向，我们就能在实施交易决策时获得安全保障。

而在谈到利润时，我们也面临着同样的情况。如果简单地让利润奔跑，就意味着交易存在巨大的不确定性。我们已经知道自己无法预测未来。

这就好比您进入市场后，不知道价格实际上会朝哪个方向运行，也不知道会朝哪个方向运行多远。

为了将这一不确定性转变为确定性，我们同样可以采用"概率"这一概念。我们使用技术分析来确定出价格最有可能达到的点。

根据以往经验，我们可以说最近的点就是最有可能达到的点。目标离进场点越远，它在可预见的未来未经回调就能达到的概率就越低。

对您的交易计划来说，这意味着如果目标近在咫尺，您就可以快速实现目标。而如果目标距离较远，您就必须为回调做好准备。

确定利润目标的方法有很多种。我们会近距离探讨一下其中的两种。我们会在这里讲到其中的一种方法，另一种方法会在下一节中进行探讨。

您应该还记得，我们前面讲过：在趋势刚开始时，我们可以利用回调后的低点作为止损。我们在判断止盈时也可以采用类似的方式。

至于我们的止盈目标，我们要寻找一个在当前走势下大概率能实现的目标。这通常是回调前的最后一个高点或趋势中最近的阻力位。由于我们预计市场往往会在这些位置回落，因此您把止盈目标设置在这里是合理的。

图 4-1 向我们展示了一个市场的典型运行轨迹，其中包括下跌、筑底和趋势反转。由于市场在第 1 处形成了高点，因此当市场回调到第 2 处所在的支撑位时，我们就认为市场参与者具有买进的意愿。

我们会在价格突破低 3 处所在的阻力位时进场交易。我们将止损点放在前一个低点的下方，也就是第 2 处，这里同时也是我们所认为的支撑位。在我们加入一个新趋势并认为市场会创下新高时，我们选择最

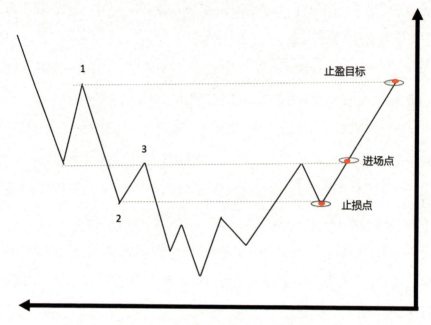

图 4-1: 确定上升趋势中的盈利目标

近的阻力作为我们的止盈目标，也就是 1 处。我们预计市场至少会在 3 处出现一个短暂的回调。为了保护我们的利润，我们就在这里退出交易（止盈）。

我们要摆脱盈利的不确定性，同时增加盈利的确定性。即使冒着砍掉一大笔盈利的风险，也要如此（虽然赚得少了，但也减少了亏损）。因此，这里我们只有一个建议：给自己设定一个具体的盈利目标，然后在目标位置止盈！

我们可以将这一方法直接付诸实践，下面我们看一下英镑／美元货币交易：

英镑／美元外汇比值在经历一轮抛售后，下跌到 1 处所在的

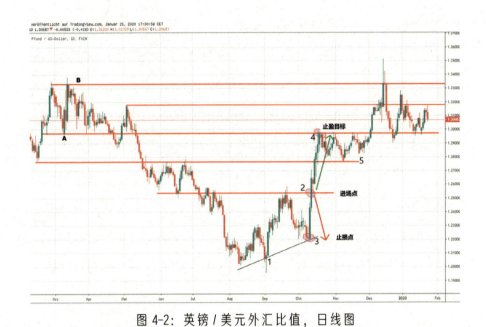

图 4-2：英镑 / 美元外汇比值，日线图

注：在经历一轮下跌后，该外汇比值开始筑底并形成新的上涨趋势。来源：
www.tradingview.com

1.19583 美元；接着价格企稳并上涨至 1.25344 美元处的阻力位（2
处）；接着如我们所料，外汇比值的价格开始从该点回落，并形成下
一个低点（3 处）。如您所知，这表明人们至少暂时有买进的兴趣，
我们也希望能借此机会进行交易。我们将进场点设在略高于 2 处的位
置（1.25367 美元），而把止损点设在 3 处（1.2190 美元）。至于
止盈目标，我们将其设置在过往的阻力位区域：介于 1.29755 美元至
1.33281 美元之间（A 与 B 中间）。我们希望能在那里获利止盈。

　　现在您可能会问自己，为什么会选在 A 与 B 中间呢？有以下两个原
因：第一，您可以看到价格在 B 点两次出现回落，其支撑位在 A 点。这

两个点限制了数天内的价格波动区间，所以我们可以将其视为潜在的阻力区间。而在 1.29755 美元附近，也就是 A 点的支撑位，也出现了多次反弹。即便有时击穿了 A 点，也只是临时击穿。因此，A 点处的线大概率也会形成一个阻力位。因此，价格在这里回落的可能性很高。所以为了保护利润，我们会在此处卖出部分的仓位——也就是减仓一半，留住利润。第二，整数附近的区域是特别容易反弹的位置，尤其是在外汇交易中更是如此。比如在 1.33000 美元，就会有许多市场参与者特别关注。该区域也是 B 点的阻力位所在的位置，买方曾在该位置被打败。也正因此，如果能涨到 B 处，我们建议在这里卖出另一半的仓位，最好清仓，以保护利润。

随着市场的运行，我们可以发现：我们几乎能完整地捕捉到整个上涨的过程。而在我们离场之后，市场便出现了震荡形态，并且在新形成的支撑位附近至少又出现了两次交易机会。

如果您把上面的交易过程与"让利润奔跑"这种说法进行对比，您认为哪种方式更赚钱呢？哪种方式能提高您的交易金额利用率呢？

通过成功的交易，您也可以建立交易的信心。与此形成对比的是，有些交易者在交易过程中会多次经历账面利润的下滑，他们会逐渐怀疑自己、怀疑自己的交易策略。

对于交易策略的实施，在大多数交易平台中，您都可以在挂止盈单的同时，也挂上止损单。这样您的两个"边界"就设置好了，当您交易时，您就可以确定地知道交易的结果。

现在我们已经把所有的相关因素都组合在了一起，这些都是您提高交易的确定性所需的。当您开启一笔交易时，您就知道自己最多会亏多少，也知道自己最多能赚多少。但您现在还不知道这笔交易是否真的合理，不知道您是否该等待下一个交易机会。接下来我们就解决这一问题。

二、是机会还是风险？如何提高交易的质量？

在交易中能否长期取得成功的重要因素之一，是能否区分有希望的交易机会和没希望的交易机会，并且只进行具有获利潜能的交易。

不幸的是，您并不能提前知道这一点。您必须使用概率来找到一些确定性。如上所述，您需要为每笔交易设定一个大概率能实现的盈利目标。当然，如果您设定的目标距离进场点非常近、只想快速止盈的话，这样做就没有意义。如果您这样交易，虽然能频繁小幅获利，但是出现一笔较大的亏损就能抹掉所有的利润。因此，从长远来看，这种方法是行不通的。

因此，您在交易时要对比潜在的亏损和潜在的盈利，这一点非常重要。永远知道自己想要什么，并且对于您在投资中所承担的风险，应该有着相应的回报。

这一比率用利润风险比表示。利润风险比（简称 RRR，国内多称为盈亏比）代表着潜在的利润相对于所承担的风险来说到底有多高。其计算过程非常简单：

$$RRR = \frac{盈利}{亏损}$$

例如，如果我们计划的交易可以盈利 100 美元，而我们定义的风险为 50 美元，那么我们的利润风险比为

$$RRR=\$100/\$50=2$$

假设我们对 50 美元的盈利感到满意，我们的利润风险比为：

$$RRR=\$50/\$50=1$$

下面是最后一种情况。如果我们小幅盈利离场——比如说只盈利 25 美元，也就是开启交易后便立即平仓，风险不变，这时利润风险比为：

$$RRR=\$25/\$50=0.5$$

通过利润风险比，您就可以发现什么交易比较合理，什么交易不合理。这与其他所有的投资都一样：如果我们从一开始就知道获得的利润比承担的风险还低，那么这种投资就没有意义。而利润风险比通过数字表达的就是这一逻辑。

解读起来就是说：您的利润风险比最低要达到 RRR=1。如果利润风险比小于 1，那么您在这笔交易中承担的风险就高于利润。

除此之外，您还要计算交易盈利的概率，所以您并不能保证这就是实际的利润。而当交易亏损时，您同样要计算亏损的概率；但如果交易亏损，那您就明确地知道自己会亏损多少。这一内在的劣势进一步扩大了过低的利润风险比带来的劣势。

因此，利润风险比最低要达到 1。这样您获得的利润才能与承担的风险相持平。而如果交易亏损，则前期获得的利润会立即被抹除。总而言之，如果采用这种利润风险比，您的交易必须非常成功才能取得好成果。

显然，我们最好选择更高的利润风险比。在实际交易过程中，经验证，我们可以采用 1.5 ~ 2 的利润风险比。如果利润风险比 RRR=1.5，这

意味着如果交易成功，您获得的利润是所承担的风险的 1.5 倍。

假设您进行的两笔交易中，一笔盈利，另一笔亏损，那么您的总收益就等于风险的一半。而您在交易中肯定会频繁地出现亏损，所以需要有明确的应对计划。这时候这种交易方法就尤为合理。

这就意味着，您在制订交易计划以及执行交易时，从一开始就会忽略那些风险高于利润的交易。从利润风险比的角度来看，这些交易根本没有意义。因为一笔亏损的交易所带来的退步，比一笔盈利交易所带来的进步还要大。

在我们探讨利润风险比之前，我们先看一下英镑／美元货币的利润风险比：

图 4-3: 英镑／美元外汇比值，日线图

注：利润风险比已经标记在了图表中，仅通过目视，您就可以看到利润风险比 RRR>1（图中绿框部分）。来源：www.tradingview.com

这笔交易中，我们计划在 1.25367 美元进场（1 处），在 1.21900 美元止损（2 处），而目标位于 1.29755 美元或 1.33000 美元（3 处）。那么其利润风险比是多少呢？

风险为：

$$进场价 - 止损价 = 风险$$

$$USD1.25367 - 1.21900 = 3467 = 346.7\ 点$$

计划中的利润为：

$$目标价位 - 进场价 = 利润$$

$$USD1.29755 - 1.25367 = 4388 = 438.8\ 点$$

利润风险比如下：

$$RRR = 4388/3467 = 1.27$$

我们看到 RRR 大于 1，这意味着这笔交易基本上是可行的。如果我们算上交易成本，如交易费用、价差，再加上执行结果可能没有计划的那么好，利润风险比还会进一步恶化。虽然这种交易仍然可行，但这样的利润风险比不应成为交易的标准。

这里我们还要提到一项内容。请您回想一下我们前面所讲的最佳仓位的算法。当每笔交易的风险百分比都固定时，虽然 10 笔交易中仅有 4 笔交易是成功的，但是我们的结果仍然是盈利的。其原因就在于成功的交易所产生的利润大于失败的交易所产生的亏损。当时每笔交易的利润风险比都远高于 1。

这对您来说，就意味着不需要每次分析都正确。您不必每次交易都盈利才能取得整体盈利的结果。您只需要让成功的交易所产生的利润高于失败的交易所产生的亏损——这就是全部的秘密。虽然理论上听起来如此简单，但在实际交易中却要困难得多。正因此，我们在交易中要设定一个大概率能实现的具体目标，获利阶段性利润，这一点也非常重要。

目标距离进场点越远，在合理时间内、不经大幅回调就实现目标的可能性就越小。这也意味着实现高利润风险比的概率较低。您设定的利润风险比越高，迅速实现目标、直接实现目标的概率就越低。

这里我们也要进行批判性的讨论。我们经常听到交易者说：他们只进行利润风险比达到3、4或5的交易。您觉得他们要错过多少好机会，才能获得这种巨额利润呢？这一说法有没有水分呢？

在制订交易计划时，识别出潜力巨大的市场并确定出较高的目标固然是对的，而且也很重要。然而，您也必须意识到利润大概会在什么位置流失。

最后一点同样重要：当我们回顾一笔交易时，不仅要观察这笔交易产生了多少利润，还要观察这笔交易的实际利润风险比是多少。只有这一点是决定性因素。因为它能反映一个交易者是否成功。

因此，在规划下一笔交易时，建议您选择利润风险比为1.5或2的交易，并选择目标大概率会实现的交易。这样您在交易时，才能实现自己制订的利润风险比。

此时您可能已经猜到了。您也可以按照固定的利润风险比来设定利润目标。例如，如果您明确了自己的利润风险比始终为1.5，那您就可以此来设定自己的目标。通过技术分析，您应该也能获得目标实现的概率。

最后，讲几句关于概率的话。尽管我们已经讲过哪些可能发生，哪些不会发生，但我们并未讲具体的相关统计数据。因为在交易的世界里，有众多种市场、众多种方法、众多种交易风格，也有众多种金融产品和交易策略。这些都可以任意组合，并且可以运用在不同的时间框架中。正是由于这种多样性，所以笼统地研究僵化的统计数据是没有意义的。

最终，您必须制订并完善自己的交易策略，并根据个人的要求和偏好采取行动。如果从您的角度来看，实现利润目标的可能性很小，那么这是一个明确的信号在告诉您不要参与交易，或者另选一个可实现的目标。不过，别的交易者可能持有与您完全相反的看法，这一点很重要。毕竟，正是由于众多不同的市场观点、交易理念和个人情况，才导致金融市场中会产生交易。

因此，我们可以将概率视为决策制订的辅助工具，帮助您根据您的个人想法和个人要求来进行交易。

本章重点摘要

★ 除了把风险降到最低以外，制订出具体的止盈规划也很重要。

★ 在动荡的市场中，不断地止盈，保护利润尤为重要。

★ 在判断目标利润时，问问自己：市场最有可能向哪个方向运行？

★ 我们可以根据风险和利润值来计算利润风险比 RRR，利润风险比代表了利润和风险之间的关系。

★ 交易时，如果利润风险比小于 1，则风险大于利润，我们应避免这样的交易。

★ 当利润风险比介于 1 到 2 之间时，您就拥有切实可行的盈利机会。

　　★止盈目标距离进场点越远、预设的利润风险比越高，在可预见的未来，不经回调就实现目标的可能性就越低。在进行专业的绩效把控时，实际的利润风险比要比计划的利润风险比更重要。

　　★当利润风险比大于 1 时，您就可以承受更多亏损的交易，而不会让整体结果出现亏损。

第五章

交易中的风险管理与资金管理

一、短线交易如何进行风险管理和资金管理?

在外汇、股票、期货交易中,您如何才能把现在所熟悉的风险管理和资金管理投入实际交易之中呢?您需要注意什么呢?您会遇到哪些计算、会看到什么结果呢?让我们先来看一下我们的三位交易者,看看他们是如何制订交易计划的。

我们先来看一下外汇交易员——瑞克:

我已经对自己承担的风险做了思考,我认为在外汇交易中,即使较高的目标往往也都能实现。我认为外汇市场波动很大,我应该时刻都采用一个合适的利润风险比。另一方面,我也不想等很长时间利润目标才能实现,我喜欢快进快出。因此,对我来说,1.5的利润风险比较合理。我已经深入研究了技术分析,所以我会找到很多潜在的盈利机会!

　　这里比较好也比较重要的一点是，您要认识到自己到底喜欢耐心等待，还是喜欢快进快出。瑞克已经在这里做出了明确的选择，并且他也强调自己喜欢采取激进的交易方法。1.5 的利润风险比已经足够高，足以弥补交易所产生的所有亏损。如果瑞克的说法正确、如果他有很多盈利的交易并实现了交易目标，那么他将取得非常大的进展，并朝着自己的目标大步前进。但是，如果他亏损的交易明显多于盈利的交易，那么他必须重新思考自己的目标。

　　瑞克还想为我们展示他的一笔交易（图 5-1），引述都是他原文：

图 5-1：澳元 / 美元外汇比值，60 分钟图

　　注：图中 1—7 处分别代表着趋势中的高点和低点。6 处是进场点，7 处代表止损，8 处代表着 RRR=1.5 的交易目标。图表中的绿色矩形把利润风险比呈现了出来。来源：www.tradingview.com

我在图 5-1 中分析澳元 / 美元货币时，在 60 分钟图表上发现了一个好的交易机会。我发现价格在形成双重底后，即将产生一轮上升趋势。在 1 处，我看到了一个低点，随后在 2 处出现了一个高点，而在 3 处形成了一个与 1 处相同的低点。这对我来说是见底的第一个迹象。随后市场在 4 处创下新高，在 5 处创下更高的低点，接着快速上涨到 6 处，这时我决定当市场再次突破 6 处时进场交易。事实上，市场在 7 处形成了一个更高的低点（我将它设为止损点）！当市场突破 6 处所在的高点时，我的交易条件就成熟了，于是我在此进场，开启了交易！

相关的交易计划如下：

表 5-1：瑞克的交易计划

瑞克	账户金额	每笔交易风险百分比	每笔交易风险额	进场价	止损
	$5000.00	1.0%	$50.00	$0.68833	$0.68610
风险	仓位大小	利润风险比 RRR	利润	止盈目标	利润额
$0.00223	$22421.52	1.5	$0.00354	$0.69188	$79.48

由于外汇交易每天 24 小时从不间断，所以我在进场时就添加了止损买单，这样我不必等到市场到达进场价时才手动买进。与此同时，我在开启交易时，也添加了止损和止盈目标，这样我就设定了交易的上限和下限。在我计算交易时，我已经把 2 个点的利差计算到了我的止盈目标中。由于我的

经纪商未收取外汇交易的费用，所以我不必支付额外的交易费用。由于外汇交易的流动性很强，所以我无需计算交易执行过程中产生的风险。

　　根据我每笔交易的风险值，可以计算出我每笔交易可以承担50美元的亏损。如果我用进场价减去止损，我得出的风险为22点。由于我的利润风险比RRR=1.5，因此可计算出盈利为33点。如果再加上2点利差，那就是35点。我把这一结果与进场价相加，就计算出了止盈的目标价格。

　　计算出目标价格后，我就开始观察图表，看一下实现目标的可能性有多大。这时我发现，在通往目标价格的过程中，还有一个阻力位。该阻力位在下跌趋势所产生的次高点的位置。在该位置，价格大概率会停止上涨，或者会出现短期的回落。不过我认为价格最终会突破这一阻力，因为下跌趋势看起来已结束。如果价格运行与预期相反，朝着于我不利的方向运行，我也有止损的保护，以防万一。

　　交易开始后，价格上涨的速度非常缓慢。在我进场后，市场马上横盘了一段时间。接着，不出所料，价格在上涨到阻力位后出现了一次小幅回调，但幸运的是价格并未大幅下跌。此后，价格再次上涨，随后又进行了两次回调，然后便达到了我的盈利目标。事后看来，我本可以达到更高的RRR，因为在我离场后价格又上涨了10个点。

如果您仔细观察瑞克的交易计划的执行情况，会发现要频繁地调整仓位大小。尽管在瑞克的计划中，仓位大小为 22421 美元，但他实际交易时，只能以微型手建立 22000 美元的仓位。尽管这一差异并不大，但却能影响交易的结果。由于仓位尺寸降低，他所承担的风险和取得的利润都比计划略低。这表明，他每次交易都要根据不同的成功概率，对计算进行调整。在交易的过程中，瑞克的耐心受到了考验，他必须持仓经历数次价格的回调。最后，我们看到，他还要制订一个合适的利润风险比 RRR=1.5。

二、头寸交易如何进行风险管理和资金管理？

再看我们的头寸交易者——安娜，她是如何制订交易计划的呢？

由于我倾向于进行长线交易，所以较低的目标价格对我来说毫无意义。我甚至认为应该给我自己和我的交易，留下较大的回旋余地，这样我就不必频繁地变更交易。当我捕捉到一个趋势时，我要尽可能长时间地持有！因此，我决定把利润风险比设为 2.5。这通常也在可行的范围内。但我也知道，要想实现交易目标，我可能需要经历一两次的回调。尽管如此，我觉得这种交易还不错，这种方法很适合我，也适合我对交易的态度。虽然我在交易中提高了风险，但我也期望得到更多的回报。

由于安娜是在周线图上进行交易的，所以她交易的时间框架也自动变长了。2.5的利润风险比是一个雄心勃勃的目标，最终能否实现取决于市场和趋势的强度。尤其是当我们观察周线图时，趋势往往会发挥着明显的作用，而日线图上的短期起伏甚至微不可见。只要有妥善的交易管理，安娜就可以用自己的方法取得良好的结果。

安娜也向我们展示了她的一笔交易，原文引述来了解她的想法：

我做的股票是苹果公司（AAPL），在周线图上发现了一个交易机会，并对其进行了计算（图5-2）：

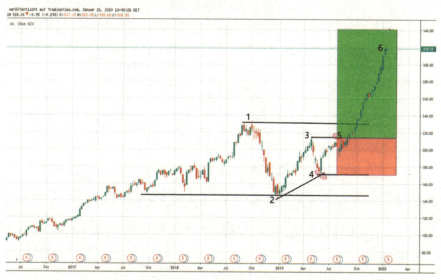

图5-2：安娜交易的苹果公司走势，周线图

注：图中1—4分别代表趋势中的高点和低点。5处代表进场点，4处是止损点，6处代表这笔交易的止盈目标，其利润风险比RRR=2.5。图中绿色矩形代表这笔交易所对应的利润风险比大于1。来源：www.tradingview.com

自 2016 年 10 月开始，苹果公司便进入了一个长期上升趋势，并稳步上涨。接着苹果从 2018 年 10 月开始，从 1 处开始大幅回调，两个月后便跌到了 2 处。接着苹果再次上涨到 3 处，然后又跌至 4 处；4 处是个更高的低点。对我来说，这是让我密切关注该股票的第一个信号。而当苹果回调至 4 处后，再次开始上涨时，我就决定在价格突破 3 处时进场（5 处）。

我的交易计算结果如下：

表 5-2：安娜的交易计划

安娜	账户金额	每笔交易风险百分比	每笔交易风险额	进场价	止损
	$25.000	1.50%	$375	$216	$166
风险	仓位大小	利润风险比 RRR	利润	止盈目标	利润额
50	7.5	2.5	$125	$341	$938

我决定把风险值定为交易账户总额的 1.5%，目前也就是 375 美元。如果我把 $216 进场价和 $166 的止损价纳入计算，我发现自己可以买 7 股。由于没有半股，所以我必须四舍五入。

然而在图表分析过程中，我发现按照利润风险比 RRR=2.5 所计算出的止盈目标 $341 是历史新高，所以我肯定会遇到多次回调。特别是在前期高点以及在 $300 美元的整数位置，价格出现回落的概率会非常高。尽管如此，我还是耐心坚守。我之所以想要进行这笔交易，不仅仅是因为我喜欢苹果的产品，还因为苹果遥遥领先于其他竞争对手。此外，我还采用了止损，并且也会在交易过程中不断地跟进。

事实证明，苹果直接突破了前一个高点。虽然苹果在 $300 的位置未出现回调，但价格仍在大幅朝着我的止盈目标运行。虽然股价距离目标还有好几美元，但我相信无论如何苹果都会达到我的目标。为了确保自己能把账面上的利润留在口袋里，我在管理交易时采用了较为紧缩的追踪止损。

此外，我还得从获得的利润中扣除进场和离场时产生的交易费用。由于我是一名长线投资者，每股 0.0210 欧元的利差对我来说可以忽略不计。

安娜在整个交易过程中都保持着自信和耐心。她认真地进行了图表分析、严格地控制风险，并在交易中保护了利润。一次亏损并不会让她退却。所以，安娜也没有理由去犹豫或沮丧。作为一名头寸交易者，她拥有长远的眼光。这一点可以从她 6 个月的持仓时长中看出来。在数月的持仓时间里，如果出现回调很正常，这也是交易的一部分。不过交易中未出现回调的情况也时有发生。

三、波段交易如何进行风险管理和资金管理？

最后一位波段交易者——彼得，来探讨一下他的交易方法以及交易计划。

对我来说，我承担了风险，就要有相应的回报，这一点很重要。因此，2.0 的利润风险比对我来说比较合适。这样我就可以在交易时退出市场，而无需承担因不利环境而出现亏损的风险。

在彼得的交易继续之前，让我们先来探讨一下"缺口"这个概念。交易者在持仓过夜时，经常会遇到所谓的"跳空缺口"所带来的风险。对于多头交易者来说，这里的"缺口"意味着上午的开盘价明显低于前一天的收盘价。在这种情况下，我们称之为"跳空下跌"。对于空头交易者来说，如果早晨的开盘价高于前一天的收盘价，则这里对应的"缺口"就是"跳空上涨"。

对于每个持仓过夜的交易者来说，都有遇到跳空缺口的风险。所以下面几点适用于所有持仓过夜的交易者：您持仓的时长越短，跳空缺口对您的风险管理就影响越大。例如，如果您像安娜一样在周线图上制订交易计划，那往往注意不到跳空缺口。但是，如果您像瑞克那样在小时图上制订交易计划，那么跳空缺口就会对风险管理产生很大影响。您随后可能会以大幅亏损的价格离场，因为您实际的止损价格明显低于计划的止损价格。

因此，跳空缺口的存在也是您采用防守型风险管理策略、不赚最后一个铜板的充分理由。

我们再回过头来看一下彼得的交易。

我想展示一笔黄金期货的交易经历。按照我的账户金额，我选择了 Comex 平台上的微型黄金期货（e-Micro）。

图 5-3：微型黄金期货，日线图

注：图中 1、3、4 代表三个相同的高点，这些点形成了一个阻力位；2 代表上升三角形的低点；4 处代表进场点，2 处代表止损点，5 处代表止盈目标，图中的绿色矩形代表交易的利润风险比大于 1。来源：www.tradingview.com

图中最左侧，黄金价格在突破下降三角形之后，从 0 处一路上涨到了 1 处，接着回调到了 2 处，之后再次上涨到了 3 处，该点与 2 处价格相当。接下来的回调幅度并没有前一次回调那么大，回到了 4 处的阻力位，4 处后的回调幅度同样没有前一次回调幅度大。总而言之，最后形成了一个上升三角形，所以当价格突破 4 处阻力位时，我就要借助这轮趋势进场交易。

以下是我的计算结果：

表 5-3: 彼得进行黄金期货交易的计划

安娜	账户金额	每笔交易风险百分比	每笔交易风险额	进场价	止损
	$15.000	0.75%	$112.5	$1455.3	$1377.4
风险	仓位大小	利润风险比RRR	利润	止盈目标	利润额
77.9	1.44	2	$156	$1611	$225

　　我在进行计算时，首先在图表中寻找进场点、止损点和目标价格所对应的标记。其中，目标价格是根据我的利润风险比2所设定的，并且在实现目标价格的过程中，我并未发现明显的阻力位。如果黄金延续其上升趋势，那我在实现目标的过程中，很可能会经历一些回调，但是当价格下跌时，我有着止损的保护。这样我就确定出了交易时要采取行动的位置。当然了，我是无法购买半股期货的，所以我只能进行取整。交易开始后，刚开始，黄金出现了快速地上涨，我当时认为这笔交易会很容易。但在价格到达 $1540 附近后，市场横盘震荡了很长一段时间，并多次下跌至进场价（还没到止损位）。我可以告诉您——这种感觉不好受，但最终我还是坚持咬紧牙关。接着，价格在回踩突破点所形成的支撑位后，突然开始上涨，并最终达到了我的目标价格。

　　阅读了前面章节中的理论结果之后，我们就理解了三位交易者执行交易的方法。三位交易者都讲述了自己不同的交易经历。就瑞克而言，即便他的止盈目标并不高，他也经历了数次的价格调整。这表明，当市场波动性较高时，较高的盈利目标也能实现。但如果市场波动性不高，则需要较长的时间才能实现盈利的目标——瑞克的交易经历就是如此。

安娜做了长期的规划，并给自己设定了一个非常高的利润风险比。在交易过程中，安娜非常幸运，因为苹果的股价未出现任何回调，而是一路上涨到目标价格。没有对她的利润目标进行任何价格调整。尽管她的交易仍在进行，但严格的交易管理，能让她较大程度地保存交易中积累的利润。

彼得的经验表明，需要制订一个好的计划，并且要有强大的心理才能维系好自己的交易。在一个良好的开端后，彼得便经历一次大幅调整，这一调整抹去了此前交易所取得的所有账面利润。此时，许多交易者可能会变得焦躁不安，并可能会过早地平仓。但是彼得却坚持遵循自己的交易计划，并因为自己的坚持，最终取得了成功。

从这个意义上说，专业的交易规划是执行交易的保障，在执行过程中必须拥有强大心理素质，这是一个前提。

本章重点摘要

★即使您的利润风险比较低，也可能要用比计划更长的时间才能实现目标。

★由于我们不能交易半股，通常来讲，我们无法完整地按照计算出的仓位进行交易。

★要想实现利润风险比较高的目标，您就必须考虑回调。如果您想实现较高的目标，您就不得不经历回调，养成良好的心理素质。

第 3 部分

从专业人士到顶级交易者:
管理利润

第六章

风险管理与资金管理之进阶

　　至此，您就已经学会了在金融市场中迈出成功的第一步所需要的一切。至少在限制风险和保护利润方面，没人能再愚弄您了。当然，您也可以继续加深对技术分析的了解，也可以加深对自己交易特征的了解。但无论如何，您都已经拥有了盈利所需要的工具。

　　我们要借此机会深化理解现有知识，并提升到一个全新的水平。在谈到资金管理时，它的重点不仅在于保护利润。从本质上讲，资金管理的含义是：管理您的资金——管理您的可用资本。因此，专业资金管理的目标一定是结合所有影响交易的因素，并从整体上获得一个尽可能好的结果。

　　我相信，现在您已经深刻理解了其中的一些因素，并能成功地将其用于交易。其中，限制风险就是至关重要的一部分，而确定出每笔交易的利润风险比也是其中的重要环节。意识到这一点后，我们就可以将风险管理和资金管理结合起来了。

要想完成整个拼图，我们还有两个重点要考虑。为此，我们接下来就不再关注单笔的交易，而是更仔细地研究总体交易的表现。

一、交易分析的准确性和交易次数对结果有何影响？

我们前面把重点放在了单笔交易的规划和执行上。但在实际交易过程中，您并非只做一笔交易，然后就结束自己的交易生涯。由于交易风格的不同，您可能在一天内就进行多笔交易。不过您一定要在月底以及年底对以往的交易进行回顾。

在这些交易中，不仅有盈利的交易，也有大量亏损的交易，这很正常。亏损也是交易的一部分，我们必须接受这一事实。为了您能在中长期内都有一个好的交易业绩，也为了您在个人投资的道路上有一个好的起点，我建议您详细地记录下自己的交易结果。创建自己的个人交易日志，记录下交易中最重要的关键点（见表6-1）。

表 6-1：交易日志关键点

序号	记录项目	关键点信息
1	金融产品的数据	股票、ETF、外汇比值的名称或代码 交易方向：多头还是空头 交易策略描述 使用的货币
2	初始数据	交易日期 交易的手数 进场价 仓位大小 费用
3	交易计划	止损 止盈目标（s） 计划的利润风险比

续表

序号	记录项目	关键点信息
4	离场数据	交易日期 离场手数 离场价（s） 仓位金额 费用
5	交易评估	持仓时长 每手的利润／亏损 总利润／亏损 实际的利润风险比
6	总体统计数据	盈利交易的总数 亏损交易的总数 实现的整体利润风险比 已进行的交易总数 整体的盈利／亏损金额

　　您可以按照自己的需要对该列表进行拓展，添加一些对自己重要的内容。不过在我们看来，上面这些内容应该足够了。仅从上述内容来看，您就可以获得许多重要的交易信息。此外，您还可以白纸黑字地看到，在规定的时间内，交易日志上有多少盈利的交易、有多少亏损的交易。

　　我们可以将一段时间内，比如说，把一年内的盈利交易数量和亏损交易数量放在一起进行对比。这样我们就可以判断出总交易数量中有多少笔是成功的交易。这就是交易成功率（国内通常称为"胜率"）：

$$\frac{获利交易数量}{总交易数量} = 成功率$$

　　通过交易成功率，它可以告诉您，按照您的交易策略，您交易成功和失败的概率分别是多少。通过这一数据，您至少可以对自己的交易质量和分析结果有所了解。

在实际交易中，许多交易者往往喜欢集中精力去获得一个较高的成功率，并以此来衡量一切。认为成功率越高越好。

那我们应该如何认识这一点呢？成功率真的是衡量一切事物的标准吗？

假如有一个交易者告诉您说他有99%的成功率。在他的100次交易中，有99次是盈利的。那么他是不是一名优秀的交易者呢？是不是一个交易天才呢？是不是交易大师呢？

我们不知道，也无从知晓。要判断一名成功率高的交易者是不是一名优秀交易者，我们必须在幕后进行观察。这里我们要回答的问题是：他的这一结果是在什么情况下取得的？

如果这名交易者告诉您，他没有风险管理。"我不需要止损，因为我有99%的成功率。"他或者说，"对我来说，最佳仓位大小就是整个账户，因为我有99%的成功率。"我相信您已经明白了。在这种情况下，即使在100笔交易中有一笔交易失败，也会导致账户出现亏损。

所以下次您一定要问一下，他是在什么情况下才达到如此高的成功率。只有这样，您才能了解全貌。单纯一个成功率高是没有意义的。

也许现在您会问自己：要达到什么样的成功率，交易才能取得成功呢？对这一问题，我们并没有固定的答案，除非我们能进一步了解交易的环境。我们只能说：即使成功率低于50%，您也有机会成为一名非常成功且获利丰厚的交易者。我们在讲最佳仓位尺寸的时候，就已经明确过这一点。

假设您的成功率低于50%。那么您在选择交易和规划交易时，需要特别注意什么呢？您必须确保每笔盈利交易的利润都要远大于失败的交易所产生的亏损。这时我们就再次用到了利润风险比。

我们先讲一下成功率的一些基本概念。交易的成功率指的是成功交易的数量在总交易数量中所占的百分比。同时，它也反映了失败交易的百分比。

此刻我们先来大致看一下交易失败的情况。您喜欢失败吗？失败后，您是否会退却？失败后，您是否能马上重振旗鼓？

应对失败对我们来说并不容易。我们在讲风险管理时就已经谈到过这一点。这就是我们引入止损的原因，止损可以保护我们免受大幅亏损，从而使我们的风险具有可预测性和可计算性。

失败通常意味着什么呢？它指的并不一定是财务上的亏损，而是多方面的。举个例子，您可能会在辩论中失败，您也可能会在球赛中失败。我们都知道这种挫败感，并且我们也知道下次会尽一切努力避免失败，这样我们才能再次获胜。

在日常生活中看似正确而重要的东西，在交易中却恰恰相反。在交易中，失败是游戏的一部分，不可避免。这就是交易中，整体表现很重要的原因。如果管理得当，单笔的交易并不会起到决定性的作用。无论是对下跌还是对上涨来讲，影响都不大。因此，您的目标必须是在总金额上取得盈利，而不仅仅是在一笔交易中盈利。

此时，我们必须首先要问问自己亏损是如何产生的，以及谁应对亏损负责。我相信一定有好几个原因。原因一方面在于市场，另一方面也在于我们自己。通常都是二者的结合。

我们来看一下日常交易过程中会发生的一个典型情况：

设想一下，如果您在经过专业研究和分析后，开启了一笔交易，并在市场上设置好了止损和止盈目标，然后价格开始朝于您有利的方向运行，您的交易似乎会盈利。这时价格却突然转向，缓慢但稳定地再次靠近您的进场点。交易有可能朝着错误的方向发展，在您放弃利润后，您也不想陷入亏损。到底是否该止损呢，二者都不是您想要的结果。接着交易很快被关闭了，您在进场点以"盈亏持平"的方式退出市场。这听起来熟悉吗？

虽然市场并未触碰到您在交易中所安放的两块基石，但您还是结束了交易。最后，您把自己扔出了市场。为什么？因为没有人喜欢亏损，尤其是连续的亏损。问问您自己：当您在交易中亏损时，这意味着什么？这意味着，首先您会赔钱，其次您对交易的看法显然是错误的。所以，您最好在亏损累积之前就踩刹车并停止交易，对吧？"在不丢面子、不亏钱时离场"指的就是这种交易方法。

这种方法就让一笔潜在的盈利交易变成了一笔亏损的交易。

我们更深入地探讨一下这个问题：谁能决定您的交易到底是会盈利还是会亏损呢？是您还是市场？当然，合理的答案只有一个——市场决定了您的交易结果！但接下来又出现一个问题：为什么许多交易者试图阻止市场做决定，而自己却任意做决定呢？

记住：一旦您开启交易，便只能听市场发号施令。您的止损已经为您提供了最坏情况下的保护，您就已经获得了对结果的安全感。您无法进一步影响交易的走向，而只能听之任之，并妥善管理交易。

亏损总是与责任联系在一起。您认为谁应对您的亏损负责呢？您、市场还是匿名的第三方？这也很容易回答。永远都是您自己！市场无法代表您开启交易，匿名的第三方也不会。按下"买进"按钮的人是您。因此，您必须学会对自己的交易负责。

如果您尽您所知进行了市场分析，并按照自己的交易计划进行了交易管理，那么即使交易出现亏损，您也不必责怪自己，没有什么可以辩解的。您要为自己的行为负责！您必须承认一点：您做不到 100% 正确，也无法做到 100% 正确。

谈到个人责任，许多交易者都想通过论坛、俱乐部或社区获得交易建议、交易分析，获得交易信号和交易策略。这种做法虽然能让您的交易锦上添花，但是却无法转移责任。因为无论您采用的交易方法来自谁，交易的执行最终还是完全取决于您自己。因此，在这一背景下，您应该鼓励自己去采纳自己的交易理念，同时也要承担起全部的责任。

您必须学会该如何应对亏损，并接受"亏损是成功交易不可或缺的一部分"这一事实。在本书的开头，我们谈到了做生意都会产生成本。虽然您想降低成本，但成本是无法避免的。这与交易类似，您必须面对交易中出现的亏损。

在分析交易的统计数据时，如果您发现交易累计的亏损要高于利润，那么您就必须采取行动。这时您就有必要去准确分析出需要做出哪些调整，才能提高交易的成功率。

因此，成功率是您资金管理策略中的一个重要组成部分，用于分析和优化您的交易结果。

总之，成功率能清晰地告诉我们盈利交易和亏损交易的整体表现。但就成功率本身而言，它没有意义。

除了交易风险、利润风险比和成功率之外，我们还需要第四个要素才能组成完整的拼图。

在本书第一章中，我们讲了不同的交易风格。到目前为止，我们已经根据不同的交易风格搭配了不同的风险值。我们的第四个要素与交易风格有关联。

乍一看，不同的交易风格，其区别就在于相同时间内的交易数量不同。日内交易者每周或每月的交易次数，要远大于波段交易者和头寸交易者。日内交易者在一周内的交易次数可能比头寸交易者在一年内的交易次数还要高。

我们在这里同样可以问自己一个问题：我们是否可以通过交易者的交易次数来判断他是不是一名优秀的交易者？现在您已经知道答案了：当然不能。我们需要更多的信息，才能正确评估他的交易频率。

例如，如果一位头寸交易者说他一年内交易了 300 笔交易，那我们可能就会怀疑。但如果这句话来自日内交易者，那么这一数字对我们来说就很正常，我们期待的交易频率甚至比这还要高。

此外，我们通过交易频率还可以获得更多的信息。如果一位交易者每年进行 300 笔交易，那么问题来了：他采用了什么样的风险管理策略呢？他单笔交易的风险是多少呢？他的总体风险又是多少呢？

许多交易者在刚开始涉足交易时，都不会考虑这些因素。在当下，进入股市交易就像买一本书一样简单，所以很多新手过于轻率地涌入市场。只需点击几下屏幕，账户中就有了交易资金，再点几下屏幕，第一笔交易就开启了。进行了几笔交易后，发现股市挺好。控制亏损？设定止盈目标？设定仓位大小？通通都没有。

所以您可以想象，这样的交易会出现什么结果。这就是风险管理很重要的原因，这也是您要学习专业资金管理的各个要素的原因。

现在我们将这四个要素放在一起，不能孤立地看待它们，而是要当作一个相互关联的整体，共同起作用。

二、专业交易管理的四个要素

专业交易管理有四个要素，即：交易风险、利润风险比、成功率和交易频率，它们在实际交易中的重要性不言而喻。有了这四个要素以后，我们就可以让资金管理更专业，也可以对交易结果进行评估。

首先，讲交易风险。

风险控制是我们要考虑的一个重点，也是您交易长期取得成功的唯一途径。但如果我们只考虑风险，交易也不会走远。"每笔交易只用账户总额的 1%"这种风险管理的说法，表明您限制了风险，但仅此而已。

如果您能把承担的风险与获得的利润联系起来，那就太好了。尤其是当利润高于风险时，更是如此。如果您通过观察交易中的利润风险比，能获得风险管理和资金管理的一些线索，也能获得优化交易结果的一些线索。但如果您只观察已实现的利润风险比，并不能帮助您优化交易结果。

其次，讲交易成功率和利润风险比。

大多数交易者都想获得较高的成功率。然而，高成功率本身并没有用，它是操作的结果算出来的。如果您把交易成功率与利润风险比结合在一起来观察的话，您就能获得优化总体结果所需的相关信息。这又向前迈进了一步。

再次，交易频率是我们考虑的重点。

日内交易者会频繁交易，头寸交易者交易频率很低。按照这一经验法则，我们也可以很快就把这一话题抛在一边。虽然我们可以，但我们没有，因为这里面也隐藏着对交易者来说很重要也很必要的信息。当交易频率与交易成功率或实际利润风险比相结合后，对每个交易者都尤为重要。

有了这些要素，我们的拼图就完整了。最后我们的分析也有了进展。让我们把这些要素放在一起，并了解相互之间的关系。

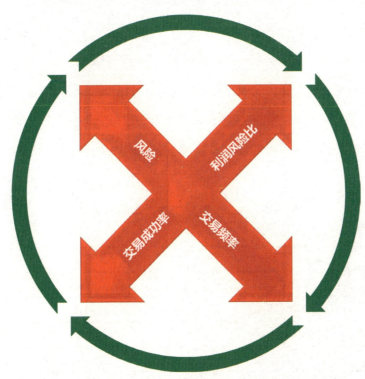

图 6-1：风险管理和资金管理四要素之间的相互作用

　　我们可以使用图 6-1 "资金管理矩阵"来观察交易风险、实际利润风险比、交易成功率和交易频率之间的相互作用。"资金管理矩阵"是您分析交易结果的完美工具。该矩阵还有助于您制订和规划未来的交易策略。

　　在本章节的开头，我们曾建议您做好交易日志，并做了表 6-1 给您参考。做好交易日志有充分的理由，只有当您记录下自己的交易过程和结果后，才能对交易进行评估。记录日志的重点不在于复杂的计算。相反，大多数情况下，记交易日志的目的是从整体上去观察交易的数据并进行比较。并且只有获得了所有交易的结果后，才能计算出交易的成功率。

　　我们假设您已经建立了自己的交易日志，并已得出交易的成功率、交易频率和实际的利润风险比。在开启交易前，您不依赖于交易日志，就已经知道了自己所承担的风险。

　　先看第一个例子，您从 10000 美元的账户开始交易，到了年底您分析交易结果时，您会发现自己总共执行了 100 笔交易。每笔交易，您都承担了账户总额 1% 的风险，即 100 美元。总体上，您实现了 1.5 的利润风险比，且成功率为 50%。那么我们该如何看待这一结果呢？

表 6-2: "资金管理矩阵"中的各要素

账户金额	$10000
风险百分比	1.0%
成功率	50%
利润风险比	1.5
风险额	$100
交易频率	100
总利润	$2500

先看一下这些数字,您会怎么想? 如果到了年底这些数值都已实现,那么会有什么结果呢? 毕竟, 您每笔交易"只"承担 100 美元的风险。

这时我们就可以说: 您的交易账户最终获得了 25% 的总利润! 具体而言, 1.5 的利润风险比不仅能让您抵消交易中出现的亏损, 还增加了额外的利润。尽管您每隔一笔交易就会出现亏损,但您总体上是盈利的。这要归功于 1.5 的利润风险比!

如果您实际的利润风险比只有 1, 那结果会是什么样子呢? 我们可以在脑海中快速地进行计算。总体交易结果是零。

总之, 我们可以说, 只要实际的利润风险比略高于 1, 交易成功率达到 50%, 就能保证交易是盈利的。当然, 至于您最终会取得什么样的结果, 交易账户资金有多大的增幅, 那就是另一回事了。

我们再看第二个例子: 假设在其他参数相同的情况下, 您的交易成功率只有 40%。最后您的总利润是多少呢? 还是说没有利润而是已经亏损?

事实上, 都不是。如果实际的利润风险比为 1.5, 交易成功率为 40%, 那您的交易结果正好为零! 交易结束后, 既没有盈利, 也没有亏损 (表 6-3)。

表 6-3: 资金管理矩阵中的各元素, 成功率已降至 40%

账户金额	$10000
风险百分比	1.0%
成功率	40%
利润风险比	1.5
风险额	$100
交易频率	100
总利润	$0

换句话说，结论就是：您交易的数量不需要达到 50% 就能盈利。不过您必须密切关注实际的利润风险比。如果您的利润风险比低于 1.5，而交易成功率为 40%，那您的交易整体就会出现亏损。

这里我们还可以从另一个角度评估自己的交易策略。我们前面已经得出结论：成功率、交易频率和利润风险比之间密切相关，因此，成功率也是判断一个交易策略是否能盈利的关键。为了确认这一点，我们还需要再近距离观察一下成功率和交易频率。

这里延续了我们的第一个例子。我们可以从以下数据推断出我们的策略会有多少盈利：我们在 100 笔交易中，有一半的交易每笔都盈利 150 美元，而另一半交易每笔亏损 100 美元。我们可以据此计算出"期望值"。

而要计算出该值，我们需要用成功率乘以平均盈利，再减去失败率乘以平均亏损的乘积。虽然这听起来比较复杂，但实际上很容易计算。

$$（成功率 \times 盈利交易的平均盈利）-（失败率 \times 亏损交易的平均亏损）= 期望值$$

如何计算盈利或亏损的平均值呢？您只需将所有盈利相加，然后除以盈利的交易数量；至于亏损的平均值，计算方式也相同。

将该公式用于我们的第一个例子后，计算如下：

$$期望值 =(50\% \times \$150)-[(1-50\%) \times \$100]$$

$$期望值 =\$75-\$50=\$25$$

这一结果对我们的交易策略意味着：我们每笔交易平均盈利为 25 美元。无论单笔交易是盈利还是亏损，我们每笔交易平均都能获得 25 美元的利润。这一结果令人欣慰，这也再次清楚地表明：交易的重点不在于单笔交易的结果，而在于整体的交易结果。当然，这也意味着我们必须从整体上对交易进行优化。

我们还可以计算出第二个例子中的期望值，这里我们假设成功率为40%。

$$期望值 =(40\% \times \$150)-[(1-40\%) \times \$100]$$

$$期望值 =\$60-\$60=0$$

这印证了我们前面的计算，结果也是零。如果您像第二个例子中那样进行交易，您就不会取得任何进展。交易会止步不前，最终您总是处于整体亏损的边缘。

因此，如果您想利用"期望值"作为评估交易策略的标准，那么您要确保该交易结果是一个正值。一旦"期望值"变为负值，那您平均下来，每一笔交易都是赔钱的。

这一点对您未来的交易来说非常重要。您在选择交易时要保持一致，并且只选择成功率看起来比较高的交易，只有这样您才能实现计划的利润风险比。从这个意义上来讲：质量优于数量。

我们往下进行之前，还要提到一点内容。到目前为止，我们的分析都建立在一个前提之下，即您的交易，无论是亏损的交易还是盈利的交易，亏损或盈利的金额都与计划中的金额一致，没有折中的情况。但您不难想象，在实际交易中，肯定会出现不按计划的情况。这属于交易管理的问题，我们会在下一章中处理这一问题。但是在此之前，我们仍按照假设的前提进行分析。

在"资金管理矩阵"的帮助下，我们不难看出矩阵四要素之间相互依赖和相互影响的关系。事实上，这些元素间既有直接的联系，也有间接的影响。只要我们改变了矩阵中的一个要素，就会改变整体的结果。您可以利用这一点来规划整体的交易结果。

那么这种相互影响是什么样的呢？比方说交易频率。假设您计划将交易频率从 100 次增加到 200 次。那么在其他数据不变的情况下，您的交易结果会翻倍。

表 6-4："资金管理矩阵"中各要素，交易频率翻 1 倍

账户金额	$10000
风险百分比	1.0%
成功率	50%
利润风险比	1.5
风险额	$100
交易频率	200
总利润	$5000

交易频率翻倍，最后总利润也翻倍了，那么这对您的风险有什么影响呢？当然，您的总体风险也会翻倍。如果您没有考虑这一点，那您很快就会落后。

我们接着看另一点：假设您把计划的利润风险比从 1.5 提高到 3，是 2 倍，这对您的总体结果意味着什么呢？结果肯定会增加。您觉得在其他数据不变的情况下，总体结果会增加多少呢？

表 6-5："资金管理矩阵"中各要素，利润风险比提高到 3

账户金额	$10000
风险百分比	1.0%
成功率	50%
利润风险比	3
风险额	$100
交易频率	100
总利润	$10000

这个结果太好了，总体利润并非 2 倍，而是 4 倍！但您先不要激动，我们要现实一些。改变利润风险比对您的成功率有什么影响呢？我可以提前告诉您：改变利润风险比，也会导致成功率发生变化。到那时候，您是否能达到 50% 的成功率都存疑。正如前面讲的，虽然您不需要 50% 的成功率就能盈利，但是由于各要素间相互的影响，您的总体结果是：利润大概率达不到上面提到的 4 倍。

再换一个要素，如果您改变了成功率，会发生什么情况呢？假设您可以将成功率从 50% 提高到 60%。也就是说，在 100 笔交易中，有 60 笔交易以盈利告终。单单这一点，当然就能提高您的整体结果。

表 6-6："资金管理矩阵"中各要素，成功率提高到 60%

账户金额	$10000
风险百分比	1.0%
成功率	60%
利润风险比	1.5

续表

风险额	$100
交易频率	100
总利润	$5000

如果其他数据保持不变，而成功率从 50% 提高到 60%，那么您的总结果就可以翻倍。这意味着，增加 10 次盈利的交易，您的利润就可以翻倍。如果您的成功率从 60% 提高到 70%，那么根据我们的计算，您的盈利将是 7500 美元。

如果我们的资金管理矩阵有了改善，其他要素也会改善。设想一下，如果您能在提高交易频率的同时也能提高成功率会怎样呢？您不仅仅能通过改善一个数据来提高结果，还可以通过改善其他数据进一步改善结果。我们将在本章结束时对此进行更深入的研究。

总之，我们现在可以说：有了资金管理矩阵，您手中就有了一个强大的工具，可以通过改善矩阵中各要素的数据，您可以将交易结果提升到一个新水平！

三、扬长避短：如何优化资金管理并改善交易结果？

我们已经从前几个例子中看到，您可以通过矩阵的四个要素精确地掌控资金管理。我们接下来会借此机会进一步深化交易计划的制订，并通过给定的方法改善交易结果。

这里我们要再次近距离研究一下。我们需要改变哪些要素？如何在相同的环境下取得更好的结果？我们如何才能通过提高矩阵中的长处来弥补短处？

讨论这些问题对您来说很重要，因为您在分析自己的交易历史时，不仅会发现自己的优势，还会发现可以改进的点。

我们先从优势开始。我们怎样加强现有优势，并利用这些优势提高整体结果呢？

设想一下，如果您的成功率为60%，10笔交易中就有6笔都是盈利的。如果我们延续使用之前的参数，这就意味着您原有交易账户会产生50%的利润。

事实上，您会很高兴的，不是吗？尽管如此，让我们将此值作为优化策略的基础，以便进一步提高总体结果。

为了便于您能根据自己的结果进行计算，我们快速看一下计算公式：

$$(TF \times HR \times RRR \times R) - [TF \times (1-HR) \times R] = 总交易结果$$

其中TF是交易频率，HR是成功率，RRR是利润风险比，R是风险。

在其他参数相同的情况下，我们现在调整哪个值能改善结果呢？

首先，调整交易频率。如果您想通过增加交易次数来提高总利润，例如，把100笔交易提高到200笔，虽然这听起来很合乎逻辑，然而，您要寻找的同等质量的交易机会要翻倍，这到底有多大可行性值得怀疑。尽管如此，这对您来说仍是个机会。

表 6-7：在成功率 60% 基础上，将风险百分比翻倍的结果

账户金额	$10000
风险百分比	2.0%
成功率	60%
利润风险比	1.5
风险额	$200
交易频率	100
总利润	$10000

表 6-7 表明，有一种可能性是增加单笔交易的风险率。是的，您没看错！如果您有明显较高的成功率，那您就可以提高交易的风险率。当然，您并不能无限地提高风险，您可以把风险百分比从 1% 提高到 1.5%，甚至如表中提高到 2%。这将增加您的整体风险，您必须制订一个新的行动计划，并对调整过的交易条件进行标记。这样您就能在执行相同数量的交易并保持利润风险比不变的情况下，将总体交易结果提升 50% 甚至 100%。

当然，您需要密切关注自己的交易策略的进度，如果结果与您的计划大相径庭，您可能需要再次改变参数。然而，在上述条件下，您可以通过这种方式显著提高您的整体成绩。

当然，要达到 60% 的成功率并不容易。尤其是在交易职业生涯的初期，您的成功率很难产生盈利的结果。我们以 30% 的成功率为例，产生的整体结果就是亏损的。我们现在的目标是在相同条件下取得盈利。至少也要达到盈亏持平！我们如何才能做到这一点？

我们先告诉您第一个技巧，这一点务必要记清楚——就是降低单笔交易的风险。

其效果，除了降低单次交易的风险，利润风险比也有所降低。

警惕的读者已经意识到。只要降低计划的利润风险比，在其他不变的情况下，从纯粹的数学角度来看，总体结果就会更糟。的确是这样。但是，通过降低利润风险比、降低止盈目标，我们提高了盈利交易的数量，也就提高了交易成功率。

表6-8: 降低风险百分比与降低利润百分比，提高了交易成功率

项目	降低成功率	降低风险比与利润比
账户金额	$10000	$10000
风险百分比	1.0%	0.5%
成功率	30%	46%
利润风险比	1.5	1.2
风险额	$100	$50
交易频率	100	100
总利润	−$2500	$60

在表6-8最右侧，我们将每笔交易的风险比降到0.5%，即风险降低一半，并将计划的利润风险比降到了1.2。为了实现盈利，我们需要46%的成功率。降低利润风险比意味着提升盈利的概率，因为交易的成功率增加了。

为了扭亏为盈，我们可以在风险管理和资金管理方面采取相应的措施。此外，我们还可以研究一下交易策略、分析方法以及自己的交易技巧。

接着我们讲另第二个技巧。假设您的分析结果显示：实际利润风险比为 1.2，而您想提高整体成绩，此时您该从哪方面进行提高呢？

此时我们可以说，根据当前的条件，您的成功率必须高于 45% 才能盈利。之所以会高于 45%，是因为您要快速止盈，并且止盈目标离您的进场点要更近。

为了简单起见，假设您的成功率达到了 50%。那么在此条件的基础上，您的交易账户将产生 10% 的利润。这一成绩非常优秀，已经超过了迄今为止许多专业投资者的业绩。虽然在当前条件下，适合采用温和一些的交易方法，但是为了进一步增加利润，您当然也可以提高风险值。

表 6-9：通过提高交易频率和风险百分比，能抵消较低的利润风险比

项目	不变数据	提高风险比与频率
账户金额	$10000	$10000
风险百分比	1.0%	1.5%
成功率	50%	50%
利润风险比	1.2	1.2
风险额	$100	$150
交易频率	100	150
总利润	$1000	$2250

在表 6-9 中，来看下增加交易频率（次数）的情况。虽然我们上面已经讲过这一点，但仍可以进一步提高交易结果。在这种情况下，我们可以略微提高风险值，比如将风险百分比提高到 1.5%，并提高交易频率，比如将交易频率提到 150 次。这样，您的利润就增加了 1 倍。小尺度，大效果。

我们也可以思考一下，当我们以较低的风险进场时，该如何优化整体的交易结果呢？我们不需要表格，根据经验就可以知道，如果单笔交易的风险降低，我们就能更频繁、更激进地进行交易。换句话说，只要我们的实际利润风险比保持在 1 以上就可以。但利润风险比如果小于 1，那我们无论如何都要重新考虑交易策略的。

最后我们讲第三个技巧。设想一下，如果您采用的交易策略，到年底产生的实际利润风险比为 2.5。根据我们前面的例子，您肯定很喜欢这一结果。不过，如果您的其他参数保持不变，您还有什么办法改善交易结果呢？

我们一起回顾一下"资金管理矩阵"：通过改变交易频率可以吗？或许可以。然而，您的交易风格本身就有很多限制。如果您是一个头寸交易者，虽然您不可能一年执行数百笔交易，但交易频率增加 10% 是有可能的。而要增加交易频率，您或许要交易新市场或新股票，并将其纳入您的分析中。

通过成功率可以改善结果吗？通过成功率能在多大程度上扭转局面呢？由于您的实际成功率已经较高，因此它有一定的上限和难度。即便您的成功率能提高几个百分比，大概率无法让交易结果大幅度地增长。

成功率和交易频率最终都存在一个极限。尤其是交易频率，它不能无限地增加，因为如果您的进场价达不到要求，它就会迅速影响您的成功率。然后您的成功率会再次下降。您的交易频率最终取决于您的交易机会，而这些交易机会又决定了您的成功率。

表 6-10：较高的利润风险比，稍微提高成功率的情况

项目	不变数据	提高风险比与成功率
账户金额	$10000	$10000
风险百分比	1.0%	2.5%
成功率	50%	55%
利润风险比	2.5	2.5
风险额	$100	$250
交易频率	100	110
总利润	$7500	$25438

表 6-10，告诉我们的重点在于提高利润风险比。如果利润风险比为 2.5，成功率提高 5% 到 55%，那么很明显，您是在采取更激进的行动。在这种情况下，您可以提高风险，因为您往往都能收到数倍的回报，总利润率大大提高。

最终，风险百分比才是您唯一能自由调整的参数（冒大险，会有大收益，也有大亏损）。您始终要保持比例感，因为每一轮上涨都有结束的时候；幸运的是，每一次下跌也都有结束的时候。掌握好这些波峰波谷的节奏，会有少数没踩准，但您的总体利润为正，也是相当令人兴奋的。

资金管理矩阵部分到此就可以结束了，但不能没有结束语。您必须知道，资金管理矩阵是一款宝贵的工具，它可以帮助您优化交易结果，所以您必须了解它的每个组件和螺丝。我们前面探讨了几种不同的交易场景，讲到了您在不同情况下，该如何利用不同参数改善交易结果。这

是资金管理的最高层次，能让您根据自己的情况对交易进行调整，并高效地利用自己的交易资金盈利。

资金管理矩阵并非交易方法，而是您分析交易时的灵感来源。当您在规划交易、执行交易时，矩阵的目的在于能让您从不同方面进行思考。因此，您必须进行进一步的分析，并就如何设计您的个人资金管理矩阵提出自己的想法。您已经学到了第一种方法，现在轮到您来实践了。

当然，我们最终要看实际交易案例情况，我们的三位交易者已经准备好展示他们的想法和交易结果。

先从瑞克开始：

  我本以为自己的交易无需太多的计划。然而，仔细观察后发现，计划对我来说意义重大。我属于自发型的交易者，所以，有一个适用而且必须坚持的计划很重要。虽然我已经详细地做了计划，但总的来说，仍需进一步采取行动。我定期对自己的交易做好记录。作为一个日内交易者，我每周、每月都会有多笔交易。上一年，我总共进行了982笔交易。我花时间列出了自己的交易后，得出了精确的统计数据。总的来说，我已经在交易方面积累了很多经验。以下是我的统计数据：

表 6-11: 瑞克在一年内进行 982 笔交易后的统计数据

账户金额	$5000
风险百分比	1.0%
成功率	44%
利润风险比	1.3
风险额	$50
交易频率	982
总利润	$589

我还没有真正走到那一步。尽管我的直觉是错误的，但就百分比而言，我已经赚了超过 11% 的利润。虽然我对此也感到比较自豪，然而到目前为止，我还没有实现自己的总体目标。虽然我怀疑根据目前所承担的风险，可能实现不了那么高的目标。然而，当我看到结果时，我发现自己还有不少改进的地方。单笔交易的风险值并非影响交易结果的唯一因素。

我已经注意到，我的实际利润风险比要低于计划的利润风险比。我给自己设定了 1.5 的利润风险比，但实际只实现了 1.3。诚然，我在一些交易中退出得太早了，但我从未想过会产生这样的影响！

我仍需努力提高成功率，我想让成功率接近 50%！虽然 44% 的成功率已经能盈利，但我需要采用较低的低利润风险比获得更高的成功率。有一件事是肯定的：我要么调整每月 500 美元的盈利目标，要么改善"资金管理矩阵"中的各个参数，最好两者兼而有之。

好消息是，我现在的账户比原来的账户增加了 11%，因为我的利润仍保留在我的账户上。在未来，我每月还要调整仓位的大小，以便能符合实际的账户规模。这样做我就可以增加杠杆。

为了实现目标，我为下一年制订了以下计划。与此同时，我将进一步加深技术分析方面的知识。

表 6-12：瑞克根据资金管理矩阵要素制订出新计划

账户金额	$5589
风险百分比	1.0%
成功率	48%
利润风险比	1.3
风险额	$56
交易频率	1000
总利润	$5813

我想我可以根据利润风险比调整我的预期。我只是耐心不足，尤其是在外汇交易中，价格会上下波动，这就是我没将利润风险比目标调整的原因。此外我也坚持 1000 笔的交易频率，因为这在过去也很有效。我现在关注 7 种外汇比值，这意味着我每年每种外汇比值可以进行大约 140 次交易，这是可以实现的。

通过降低利润风险比，提高成功率的概率就得到了增加。我想，通过第一步，我的成功率就能接近 48%，提高 4个点。随着我掌握的技术分析知识不断地增加，我的分析也会更好。如果我能以这样的方式进行交易，那我也能实现我预期的目标。我对此感到很兴奋！

瑞克制订了一个雄心勃勃的目标，即要实现 120% 的利润。而现在，他的盈利刚刚超过 11%，但这已经非常厉害了。此外，瑞克也很清楚，成功率不一定要达到 50% 才能盈利，虽然 1.3 的实际利润风险比低于他的目标值，但结合成功率来看，他还是能盈利的。不过需要注意的是，他的这种组合，无异于刀口舔血。如果他的成功率低于 44%，瑞克就有可能陷入整体亏损的局面。因此，他提高成功率的做法是正确的。他将利润风险比降低到 1.3 也是明智的，因为一旦他操作交易时失去耐心或变得激进，他就很难取得更高的利润。降低利润风险比的同时，他也可以提高交易成功的概率。我们可以从计算中看到，通过这种方法，瑞克正与目标接近。如果情况较好，随着他每月不断调整仓位的大小，甚至能超过这一目标。

最终我们可以说：即使交易成功率的微小变化，比如 44% 变为 48%，也会对整体结果产生巨大影响。正因此，我们才要始终都注意交易的质量！此外，值得注意的是，即使是风险很小的小仓位，也能通过频繁交易获得巨大的收益。

我们在探讨安娜的交易前，先来谈谈瑞克的整体表现。尽管他已经出色地获得了 11% 的总利润，但他对取得的结果并不满意。这是可以理解的，一方面，他的期望较高；另一方面，像瑞克这样的交易账户很容易就达到了极限。这并不是说专业交易不适用这种交易账户，恰恰相反，专业交易也适用。只不过这类交易获得的回报与起始资金成正比。我们可以设想一下，如果瑞克的账户里的交易资金是50万美元，而不是5000美元，那么同样11%左右的利润，其金额也会是天壤之别。因此，不要因为盈利的金额看起来比较低就被误导。

对于交易分析来说，重点在于盈利的百分比，您要时刻注意盈利的百分比，这是赚钱的根本！

安娜有什么经历呢？她的交易结果如何呢？

由于我在苹果公司这只股票上的交易已经花费了数月的时间，并且交易还在继续，所以我自然无法像瑞克那样频繁地交易。不过，我其他的一些交易却提前到达了止盈目标或止损价位，所以这也对交易频率产生了一些影响。我给自己设定的总风险金额是2500美元。对我来说，我不仅要能专业地应对一系列亏损的交易，同时还要能执行其他的交易。严格地说，我可以通过同时持有10笔交易，并且每笔交易承担1%的风险，来管理市场中的风险。如果10笔交易都以亏损告终，那么我的交易也就结束了。因此，我选择了一条中间路线，我决定在投资组合中同时最多持有5笔交易。这样的话，一旦5笔交易全部以亏损告终，我仍有回旋的空间。我根据实际情况，将每笔交易的风险设定在1%～1.5%之间不等。我并非每笔交易都能达到2.5的利润风险比。这主要是因为，我认为有些交易没有实现目标利润风险比的可能；还有些交易，我认为它们能达到1.5 ～ 2.0 的利润风险比就可以。因此，我单笔交易的利润风险比介于 1.5 ～ 2.5 之间。总的来说，我实际的利润风险比达到了令人满意的 1.8。正如前面所讲的，我单笔交易承担的风险占总账户金额的 1% ～ 1.5% 之间。我总体上每笔交易的平均风险为 1.24%。

我回顾了自己上一年的 26 笔交易后，发现交易的成功率很高。投资组合中盈利交易的比例达到了 58%（表 6-13）。我的总回报超过了我的目标，这也印证了我的操作是正确的。

表 6-13: 安娜账户一年内 26 次交易结果

账户金额	$25000
风险百分比	1.24%
成功率	58%
利润风险比	1.8
风险额	$310
交易频率	26
总利润	$5029

我认为目前不需要进行优化，我只利用资金管理矩阵寻找一些基本的交易机会。我想我会保持所有参数不变，但我会尝试进行更频繁的交易，也会略微提高每笔交易承担的风险。也就是说，我会将每笔交易的风险定为交易账户的 1.3%。此外，我也打算再次提高我的盈利目标，这样

我就能达到 2.0 的实际利润风险比。我比较看重交易的成功率，并且我会尽我所能让盈利交易的比例达到 60%。有了这些措施，再加上交易账户中金额的不断增长，我的回报将更上一层楼（表 6-14）。顺便说一句，每次交易后，我都可以调整计算基数，这样我盈利的百分比就可以更高一些。

表 6-14：安娜计划账户新一年内调整目标

账户金额	$30029
风险百分比	1.30%
成功率	60%
利润风险比	2.0
风险额	$390
交易频率	30
总利润	$9369

安娜的交易方法恰到好处。她在看到机会时，承担了较高的风险；而在机会不明显时，则采用了防守型策略。结果，她实现了自己的目标、获得了20%的利润。当然，该过程也必须有市场的配合，如果市场不配合，交易的成功率很快就会下降。然而，市场在运行时，安娜进行了精确地调整并适应了市场。而她根据市场行情对利润风险比所做的调整也在取得成功的过程中发挥了重要作用。

对您来说，您要时刻保持比例感，以此来确定自己希望达成的目标，以及可能会达成的目标。我们必须强调这一点！

与前面一样，我们也询问了彼得的交易情况，询问了他取得了什么成果。

我的交易好坏参半。我前面已经展示了一笔交易，事实上，之后我又进行了一系列成功的交易，这增强了我的自信。我本以为自己胜利在望，但不幸的是，之后又出现了一系列亏损的交易。这一点也反映在了 39% 的交易成功率上。当然，这很烦人，但归根结底还是赚了一些钱。在这一年里，我的账户金额历经起起伏伏，我不止一次产生怀疑。如果您一直在亏损，那交易就没意思了。但最终，我还是成功了。我的实际利润风险比达到了 1.67，这帮我度过了这段不稳定的时期。

尽管我曾下定决心不去干扰交易，但由于我要么想止盈、要么想止损的原因，还是忍不住手动退出了许多笔交易。这也解释了为什么我未能实现 2.0 的利润风险比。无论如何，我坚持了下来，因为凭借我可控的风险，即使在经历了一系列亏损交易后，我仍对新交易感到兴奋。我认为这一点最重要：坚持下去，继续前进！我总共进行了 87 笔交易，最后，我回顾了一下，共获得了 400 美元多一点的利润（表 6-15）。从现在起，我的金额将会只增不减！

表 6-15: 彼得账户在一年内交易 87 次的结果

账户金额	$15000
风险百分比	0.75%
成功率	39%
利润风险比	1.67
风险额	$113
交易频率	87
总利润	$404

　　我的账户在经历了一年的起起伏伏后得到的回报。尽管成功率仅为 39%，但实际的利润风险比为 1.67，我这一年的交易最终以盈利结束。至于交易优化方面，我特别注重利润风险比和交易成功率。

　　在接下来的一年里，我已经建立了资金管理矩阵，当然，我仍准备承担既定的风险。这一点肯定对我的交易有帮助！我也会努力提高交易成功率。虽然从 39% 变为 45% 是一段很大的涨幅，但我会在分析上投入更多的精力。除此之外，我也会关注交易的质量，并且交易频率的降低也反映了这一点。我想跳过那些我不太相信的交易，从而完全专注于有希望大概率盈利的交易。这就是我实现 2.0 利润风险比的计划（表 6-16）。当然，要实现这一目标，我需要在交易过程中保持克制，不能干扰交易，甚至要将交易频率减少到 60 次。这样，我最终就会实现自己的目标！

表 6-16：彼得账户计划在新一年内的调整情况

账户金额	$15404
风险百分比	0.75%
成功率	45%
利润风险比	2.00
风险额	$116
交易频率	60
总利润	$2426

彼得学到了交易中最重要的两条法则：一是交易不会一直都盈利；二是只有继续交易才能走得更远。

正因如此，交易者要根据自己的需求来确定每笔交易的风险，这一点很重要。僵化的数字对您没有帮助，交易取决于您自己。在连续遭受亏损后，您只能用仅剩的资金继续进行交易。摆脱连续亏损的唯一方法：继续交易。您要对比例保持敏感，要有交易策略，然后寻找机会，再次进场交易。彼得也触及了我们前面讲过的一点：他干扰了自己的交易。不过好在他已经打算停止干扰交易，减少交易次数。

彼得的交易结果的有趣之处在于：尽管他的交易成功率相对较低，但他的交易结果是盈利的，这是由于他的利润风险比所导致的。所以，当他说自己未来要提高利润风险比时，他的想法是正确的。彼得通过努力提高交易质量，解决了高成功率和高利润风险比之间二选一的困境。他想降低交易次数。当然，这是否会成功还有待观察。但无论如何，在交易时，慎重选择总是好的。

本章重点摘要

★交易成功率和交易频率是专业资金管理和风险管理中的重要考虑因素。

★交易成功率或交易频率本身并不重要。只有当其与其他元素相结合时，进行的分析才有意义。

★风险、利润风险比、交易成功率和交易频率可以组合起来形成"资金管理矩阵"四要素。"资金管理模型"表明这四个要素直接和间接相互依赖。一个变量的不足可以用另一个变量的长处来弥补。

★实际利润风险比越高，交易成功率就越低，反之亦然。较高的交易频率可以弥补较低的实际利润风险比。如果交易成功率较高，只要实际利润风险比大于1，就可以提高交易的风险。1.5 的实际利润风险比是交易是不错的起点，即使成功率低于50%，也可以确保交易整体上是盈利的。

第七章

风险管理与资金管理之实践 2.0

到目前为止，我们已经深入讲解了风险管理和资金管理的所有相关内容。虽然您现在已经是一名风险管理和资金管理方面的专业人士，遥遥领先于市场中的大部分交易者，尽管如此，您仍有提高的空间。到目前为止，前面所讲的内容足以实现长期盈利，但这并不意味着我们不能做得更好。

接下来，我们要进入实践，把资金管理扩展到交易管理，并探讨一下在保持每笔交易的风险不变的情况下，提高交易业绩的不同方法。

我们将会探讨止损、探讨不同的进场和离场方式，以及探讨一下交易时进场和离场的详细步骤。除了优化"资金管理矩阵"外，这些策略还会帮助我们在交易中取得可能出现的最好结果。

但同样，那些不想出售仓位、同时又不想承担高风险的投资者，也会在本章中获得一种限制亏损的有趣方法。

一、追踪止损对风险管理和资金管理有什么影响？

我们在风险管理章节中探讨如何限制亏损时，已经讲过止损。我们通过止损所标记出的点，是交易策略失效的位置。价格到达这一点后，继续持有仓位已经没有意义——这时止损会自动被触发并限制我们的损失。

我们总认为设置好止损后，就应该一成不变，直到止损被触发或止损因为价格达到止盈目标而失效。这种"非此即彼"是我们交易的前提。但我们现在要改变这一点。以前我们只是从风险管理的角度来看待止损，而现在我们要将视野扩展到专业的交易管理。在交易过程中，专业交易管理的重点在于：您要判断出是否该调整止损，以及该调整多大的幅度。

至此，我们应该已经对追踪止损的意义和目的有所了解。当然，我们调整止损的目的完全是为了保护利润，不是为了增加亏损。因此，调整止损时只能朝着一个方向移动：朝着盈利的方向做。这样，初始的止损就变成了追踪止损。

使用追踪止损的方法有无数种。市场上有多少交易者，就有多少种追踪止损。

现在我们要应对的是一般情况下的追踪止损。追踪止损在多大程度上有意义？在这一点上，交易者的意见各不相同。有些人在交易开始后就不断调整止损，而有些人直到接近目标价格时才调整止损；还有些人与上面的做法都不相同。他们的止损一成不变，直到交易以盈利或以亏损结束。如果您问他们这三种方法是不是正确，每个人都会声称自己是正确的。

仅此一点就表明，追踪止损与其说是一个纯粹的数学话题，不如说是一个情感话题。追踪止损关系到您如何应对亏损，也关系到您如何对自己的决定负责。交易者的追踪止损往往因为离市场价格太近，以至于他们很快就被强制退出了交易。事后他们会说："我虽然想继续交易，但价格已经触发了我的追踪止损，所以我不得不平仓。"这样的话，您就轻易地将交易的决定权外包给了市场。这样的结果就是，交易者既逃避了责任，同时避免了频繁地做决策。很明显，这不是专业的交易，也不会取得成功。因此，我们建议您采用追踪止损，并对百分比保持敏感。我们要对保护利润、限制亏损说"YES"，对决策外包说"NO"。

知道了这一点后，我们接着来看一下使用追踪止损的两种方法。

第一种方法是关于图表分析的，间隔止损，随走势逐渐抬高或降低止损位，确保到手的利润。

正如我们在制订交易计划时，使用技术分析来寻找止损一样，我们在图表中也要寻找符合标准的追踪止损。这时我们必须回答自己一个问题：在价格到达图表中的哪个点时，交易盈利的概率是0。

这些点通常是价格在上涨过程中产生的低点，以及下跌过程中产生的高点。

我们用图7-1中来展示一下：

图 7-1：欧元 / 美元外汇比值，4 小时图（1 根 K 线 =4 小时）

注：在经历了一次大幅上涨后，该外汇比值已见顶并形成了一个强势的阻力位，并且还形成了一个交易区间，介于 A 处 1.11798 美元和 B 处 1.10701 美元之间。当价格遇到阻力位下跌后，我们 1 处进场建立了一个空头仓位，以从欧元下跌的过程中获利。交易开始后，价格急剧下跌到了交易区间的支撑位，接着进一步下跌至下一个支撑位 C 处 1.09936 美元。在交易过程中，止损逐渐从一个高点下降到另一个更低的高点。当价格到达 B 处和 C 处时，分别清空了三分之一的仓位。而当价格触及 6 处所在的止损时，清空了最后三分之一的仓位。来源：www.tradingview.com

　　我们在 4 小时图中看到的是欧元 / 美元外汇比值。在价格上涨至 1.11830 美元后（a 点），该外汇比值形成了阻力位，并且该阻力位多次被试探。随着前一轮上涨后，市场出现了第一次修正，这时形成了一个支撑位，接着市场对其进行了两次试探。当外汇比值未能突破阻力位，而是形成了一个小的三重顶后（A 处），很明显上升趋势已结束。空头交易的进场点位于三重顶的低点。一旦价格跌破了这一支撑位，空头交易就应该开始进场了。目前的进场价为 1.11287 美元（1 处），我们把初始止损设置在 1.11810 美元上方（A 处）。正如您所看到的，为了安全起见，我们预留了一些空间。我们进场时的初始风险为 51 点。我们的第一个止盈目标位于 1.10701 美元附近的低点（B 处）。从进场点到止盈目标，我们潜在的利润为 58 点，由此得出利润风险比为 1.13。虽然该值并不高，但或许还可以提高。我们浏览图表后还可以发现，由于 1.09936 美元处存在支撑位（第二个止盈目标 C 处），因此市场还有可能实现另两个止盈目标。我们可以在获利 135 点时再次对部分仓位平仓，这样利润风险比就变成了 2.64。第三个止盈目标位于 1.09437 美元处的支撑位（D 处）。如果价格下跌到这里，我们就会对第三部分仓位平仓，结束交易（D 处不一定能实现）。请注意，第一个止盈目标实现的概率明显高于第二个和第三个止盈目标。

交易开始后，外汇比值的价格便出现了快速下跌，我们很快实现了第一个止盈目标 B 处，并对三分之一仓位平仓。接着和预期一样，价格在那里反弹，并在 2 处形成了一个较低的高点。我们要借此机会将止损调整到该位置。但具体要设置在哪里呢？

第一个想法肯定是把止损设置在图表中高点 2 处。这正是追踪止损的结果往往不能令人满意的原因。如果我们的止损距离价格太近，那么当市场再次试探前一个高点或低点时，就大概率会触发止损。

因此，止损与高点或低点之间，一定要有一些间隔。即使您可能要减小仓位，但这一做法能让您避免许多亏损的交易。这是因为市场有了回旋和喘息的空间。

所以，我们不能将追踪止损直接放在 1.10929 美元的高点 2 处，而是放在比其高 5 点的位置 1.10979 美元。尤其是在 4 小时图表中，5 个点微乎其微。当然，在时间框架较小的图表中，情况则有所不同。这种图表中，5 个点或许已经是整笔交易的全部利润。因此，应该缩小距离——2 个点或许就足够了。如果您想保证自己不会被强制止损，那就要把点数调高。

有了追踪止损，我们的情况就发生了变化。现在它不再单单是止损，而是变成了止盈！我们的新止损已经比入场价低了 30 点。这样的止损非常舒适！

市场在经历了一系列上涨回调后，又实现了第二个止盈目标 C 处。对我们来说，这又是一次收紧止损的好机会，但我们并非要把止损调整到 6 处的 1.10203 美元，而是调整到 1.10253 美元。毕竟，我们的目的是止盈！这意味着，不管怎样，我们已经有 2/3 的仓位获得了 103 点的利润。

最终，当市场达到 1.09936 美元时（C 点），我们的第二个盈利目标已实现，我们的耐心等待也终于获得了回报；第二部分仓位盈利 135 点，利润风险比为 2.64。由于我们猜测价格会进一步下跌，所以三分之一仓位仍在交易。但下跌总有结束的时候，D 处没有到达，当价格在支撑位反弹、开始新一轮的上涨时，我们在 6 处的位置对最后三分之一仓位进行了平仓，并获利 103 点。

综上所述，通过这次交易，我们获得了 98 点利润，利润风险比为 1.9。

这时也许您会疑惑，为什么我们要采用三个止盈目标，而不是一个目标？答案很简单。这一切都是为了抓住机会，充分利用交易，让盈利跑得更远。我们后面会再次讨论这个问题。

我们可以得出的一个结论是：交易需要呼吸的空间。因此，不要将追踪止损拉得离价格太近；否则，您大概率会被止损离场，而这并非您所愿，因为您只想实现自己的止盈目标。在止损的第一阶段，其目的是避免您出现大幅的亏损；止损的第二阶段是为了保留您的利润。您不能因为止损设置不当而被强制离场！在设置和调整追踪止损时，您要牢记这一点。

设置追踪止损的第二种方法是使用固定的百分比或固定的点数，即均匀分布止损位。

在许多交易平台中，都可以自动实现这一功能。您的止损会自行调整，直到实现盈利目标或触发止损。当然了，虽然这一功能乍一听很不错，交易可以实现全自动，但实际上几乎无法实现。

很明显，这种方法往往是下策。原因很简单：假设我们在进行欧元／美元外汇比值的长线交易时，每个追踪止损都与价格相差 25 点。这时会出现什么情况呢？

我们来看一下图 7-2：

在图中，我们的目标是追踪止损。假设我们追踪止损与当前价格的差距始终是 25 点。开盘后不久，我们看到止损点就被调整了，降低了仓位的风险，并确保了第一笔利润。

由于在 1 处进场后价格波动较大，我们很快就盈利了 25 点。所以无论如何，这笔钱我们已经赚到了！

随着价格朝着第一目标的方向下跌，我们继续不断调整止损锁定利润。实现第一目标 3 处后，我们对三分之一的仓位平仓，获得了 58 点的利润，而这时追踪止损已经锁定的利润是 33 点。我们对三分之一仓

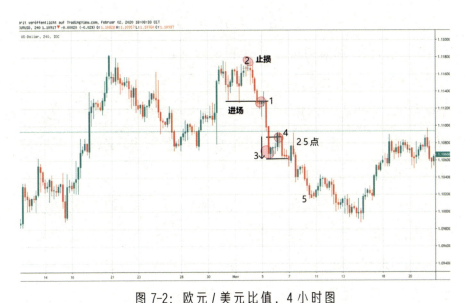

图 7-2：欧元 / 美元比值，4 小时图

注：追踪止损比当前价格高 25 点。来源：www.tradingview.com

位平仓后，价格进一步下跌，并在 1.10620 美元（3 处）产生了一个低点。由于我们的追踪止损高出价格 25 点，现在位于 1.10870 美元（4 处），为我们剩余三分之二的仓位锁定了 41 点的利润。

　　每轮上涨或下跌都有结束的时候，因此如果市场快速下跌、让我们的交易迅速盈利并实现目标，那么市场必定也会出现回调。这里价格从 1.10620 美元的低点开始上涨，并触发了 1.10870 美元的追踪止损，因此我们最后的三分之二仓位只获得了 41 点的利润。

　　我们通过这笔交易总共获利 46 点，与这笔交易承担的风险相比，我们的实际利润风险比为 0.9。

　　这一点我们应该如何评判呢？获利的确是好的，尤其是耗时也较短。尽管如此，我们心中还有另一个目标。我们希望获得的利润不只是 46 点，而是至少要达到 98 点（5 处）。是 46 点的两倍多！然而，我们也必须承认，要获得这 98 点的利润，花费的时间也更长。

您肯定已经意识到，在这一点上，不可能有 100% 正确的建议。如果您想在剧烈波动的行情中快速获利，那么建议您使用第二种方法。该方法的缺点是，回调会频繁地触发止损，导致您无法追随趋势。这正是这两种方法的不同之处。

因此，我们可以说，无论出于何种原因，采用紧缩的止损会迫使您快速离场。接着您就会频繁地止盈，但最终获得的利润却要比您深思熟虑设置止损时获得的利润更低。最后，市场的行情也决定了追踪止损到底是否会成功。在趋势市场中被止损离场的概率，要比横盘时止损离场的概率低。因此，在横盘市场中应该采用保护利润式的止损，而在趋势市场中应该采用紧缩的止损。

我们在探讨交易时或许会不可避免地会想到资金管理矩阵。事实上，根据资金管理矩阵，追踪止损对我们的交易取得成功有切实的影响。那么都有哪些影响呢？

采用追踪止损时，我们放弃了非此即彼的做法，而是干涉交易。尽管我们在交易前设定了具体的利润风险比，但通过间隔止损，动态调整止损位，我们降低了实现该利润风险比的概率。均匀止损的方法，可能一次回调就可能让我们退出交易。

采用追踪止损也会产生一定的后果。如果我们频繁采用追踪止损，我们的实际利润风险比就会降低。比如，它会从 1.5 降到 1.3，虽然这本身并不一定意味着什么，但我们必须知道这一事实。

实际的利润风险比之所以下降，是因为我们过早地进行了止盈。这也会产生一个后果：我们的利润会减少。不过我们交易的成功率会升高，例如：会从 50% 升高到 55%。

如果我们因为止损而过早地平仓，那么我们就有机会进行更多的交易。这是因为之前捆绑的资本，现在可以再次用于新的交易。反过来又对我们的交易频率产生了影响。只要有足够的机会，交易频率就会增加。也许会从每年 100 笔交易增加到 120 笔交易。

这就产生了风险。如果交易成功率增加、交易频率增加、利润风险比降低，这对我们承担的风险有什么影响呢？原则上，我们这里也可以提高风险值，比如从 1.0% 提高到 1.25%。通过调节追踪止损，我们可以自动地逐渐降低风险，因此可以持有更多的股份。另一方面，交易的次数自然会增加整体风险。我们必须适当重视这一点，并不断审查交易的结果。

我们看一下采用追踪止损时可能出现的情况（表 7-1）：

表 7-1：　"资金管理矩阵" 未采用追踪止损和采用追踪止损的比较

项目	未采用追踪止损	采用追踪止损
账户金额	$10000	$10000
风险百分比	1.0%	1.25%
成功率	50%	55%
利润风险比	1.5	1.3
风险额	$100	$125
交易频率	100	120
总利润	$2500	$3975

通过针对性地管理仓位，可以提高整体交易结果。我们看到表7-1，即使资金管理矩阵的组成元素出现了微小的改变，也可以显著提高利润。

这里的决定性要素是实际利润风险比。该比值越接近1，交易成功率就越高。因此，让这两个参数保持健康很重要。止盈当然是要止盈的，但并非不计代价！

知道了这一点后，我们就可以结束追踪止损这部分内容。我们可以得出结论：追踪止损能满足专业交易管理的需要。但是采用追踪止损的先决条件是：我们所采用的止盈或止损不会变成"交易终结者"。无论您选择哪种止损，这都是个人的交易风格的问题，即使您完全不干涉交易，也是可以的。

在该话题的最后，我们再来看看三位交易者，看看他们是如何面对追踪止损的？

瑞克对追踪止损的看法：

　　当我遇到获利行情时，如果因为被止损离场而眼看着机会溜走，我总是很生气。因此，对我来说，追踪止损是个很好的机会，至少可以保护部分利润。对我来说，默认的追踪止损实际上是有效的。未来，我会保持追踪止损比当前价格低10点。而当我接近目标价格时，我会采取激进的做法，让止损更靠近价格，我打算让止损与价格之间相差5点。这样我就不必大量流失已取得的利润。

瑞克的评价是可以理解的。他离获利目标越近就越恼火，因为他的利润会流失。这是可以理解的，也符合他的自我评估：当市场接近目标价格时，让止损靠近价格。这样做的好处是：他不必流失大量利润，但坏处是：瑞克往往不能实现目标。这也会影响他的实际利润风险比；特别是，由于瑞克计划的利润风险比相对比较低，所以他很快就面临着总体亏损的风险。

安娜是如何管理交易的呢？

在我的交易时长内，追踪止损意义重大。尤其是当一家公司的股票几个月来面临政治和经济影响时，我必须锁定已积累的利润。然而，对我来说，追踪止损仍然最好不要被触发。毕竟，我也想让自己付出的耐心等待获得回报。特别是我一年中执行的交易次数不多，所以我不能干扰自己的交易。我要根据技术分析来确定追踪止损的位置。不过，也正如我前面所说，对我来说，这是最坏的情况。

安娜坚持自己的策略，追踪止损但尽量不触发，这样不仅保险，而且也以防万一。否则，她的交易就放任自流了。

彼得在期货交易中有没有用到追踪止损的地方呢？

对我来说，追踪止损很宝贵。尤其是上一年的情况不太好，所以我为接下来的交易制订了一个雄心勃勃的利润风险比。至于交易成功率，肯定还有改进的空间。有了追踪止损，我就可以直接对交易成功率产生影响。然而，我认为实现不了 2.0 的利润风险比。这意味着价格上涨的幅度要比我计划的还要高。那我为什么不定一个更高的目标呢？！总而言之，我使用止损这一点不会变。我唯一能改变的就是当价格涨幅达到风险值时，我会将止损调整到进场点。然后，我的风险值几乎保持不变，唯一不同的是，我的交易不会亏损。

彼得的做法代表了另一种有趣的观点。假设风险不变，那么当利润风险比达到 1 时，将止损调整到进场价是合理的。虽然风险保持不变，但是这里的风险变成了积累的利润，而非自己的本金。但另一方面，随着止损的调整，止损触发的概率相应地也提高了。

归根结底，止损的关键在于权衡止损与当前价格之间的差距，把利润留住。

既然我们已经详细探讨了追踪止损，接着我们可以利用所学到的知识进一步完善止损的运用。或许通过学习进场或离场的详细步骤，我们可以进一步改善止损的运用。

二、交易中进场、离场如何确保增加利润？

通过使用追踪止损，我们的交易结果可能已经显著受到影响。特别是资金管理矩阵，它可能会给我们带来一些好的机会。我们现在可以进一步分析分批进场和分批离场对交易结果的影响。不过，首先您应该知道，我们这里讲到的交易方法和交易策略，针对的是高级交易者。这里的高级分为两个层面：一方面，这些交易策略比前面讲到的策略更复杂，需要更多的计算；另一方面，这些交易策略只有在您的交易账户达到一定规模后才能完整地实施。

至此，我们已经深入讲解了交易理论相关的各个方面，现在理论部分结束了，我们接下来就讲交易实操！我们会仔细研究一下两种分批进场的方法。

分批进场的第一种方法——分段进场，它需要在实际进场信号出现前就在市场中建立部分仓位。如果采用了这种激进的进场方法，那么当您想要的走势开始出现时，您就已经进入市场了。当进场信号出现时，您就可以把仓位拉满。

反之，如果您的交易策略不奏效，您承担的只是进场信号出现前那部分仓位的风险。一旦交易失败，这部分仓位被止损离场。这种方法的优点是，市场一开始启动，您就可以从中获利，且不会过度增加交易的风险。

分批进场第二种方法，是随着时间的推移而追随趋势——逐步加仓。这种交易策略是在盈利后，才逐步增加仓位。通过这种方法，您可以在不承担额外风险的情况下获得大量的利润。采用这种方法交易时，风险管理和交易管理至关重要！

我们来看一下分批进场的第一种方法分段进场（图7-3）。

图 7-3：纳斯达克 100 指数，周线图

注：在大幅反弹后，纳斯达克 100 指数跌至 1 处，接着升至 2 处，然后回落至 3 处，在趋势修正中形成更高的低点。随着市场突破 2 处，上升趋势很可能会延续。提前进场能提供额外的获利机会。来源：www.tradingview.com

我们在周线图中看到的是纳斯达克 100 指数。由于前一轮上涨后，市场出现了大幅的回调，因此纳斯达克 100 指数跌至了 1 处所在的 3787 点。接着，又出现一轮上涨，市场恢复到原有趋势，并到达了 2 处，该点略创新高，达到了 4739 点。随后的下跌虽然未能创新低，但是停在了 3 处的 3888 点（高于 1 处）。结合这 3 个点以及传统的进场方法，我们可以在市场突破 2 处时开启交易，并跟随趋势。

结果发现，正如我们在 3 处假设的那样，纳斯达克 100 指数在出现一系列阳线后恢复了最初的上涨趋势。但这一轮上涨并未创新高，相反价格停在了区间的最后三分之一处，并横盘了一段时间，这为我们以更

好的价格进入市场提供了机会。

我们不必立即进入市场，而是要将仓位拆分为几个子仓位，这样就可以增加交易成功的概率。我们的进场点和止损与计划一样保持不变，仓位的整体规模也保持不变。这就是第一种分批进场交易方法的基本条件。

此时，我们可以假设把一笔交易分成两笔。与往常一样，当市场出现进场点时，我们就开启一部分仓位。而另一部分仓位，我们要在此之前就要进场。这两部分仓位的止损是相同的，这样当进场点出现时，我们就可以和往常一样从整体上对交易进行管理。

要开启第一部分仓位，我们需要在图表中确定出一个点。只要价格在这个点以上，价格就可能朝着我们想要的方向运行。

这一点就位于 4574 点（4 处）。当这个高点被突破时，回调结束的可能性就很高。市场就会恢复之前的上涨趋势并突破 2 处，这也是我们开启第二部分仓位的点。

我们来近距离看一下。在这一小区间内，纳斯达克 100 指数再次形成一个更高的低点，接着出现了一根大阳线，并包含了前面的阴线。之所以会出现这种情况，是因为短期回调后，价格已开始反弹并恢复上涨趋势。这一点也证实了我们看涨的预估。

所以，市场大概率会继续上涨并突破 2 处的高点。这反过来也可以让我们在 1 号进场点开启第一笔交易。如果市场接着继续上涨，那么当我们在 2 号进场点（4739 点）开启第二笔交易时，就已经盈利 165 点了。这时我们的交易已全部开启，交易管理也可以像以往一样进行。

待我们完全进场时，我们的第一部分仓位已经获得了165点的利润。

虽然我们承担的绝对风险并未改变。然而，通过提前进入市场，我们也承担了计划之外的风险。事实上，在进场信号出现之前，我们就已经进入了市场。如果现在市场回落，我们将不得不平仓止损。但由于我们提前进入了市场，我们也可能会进行计划之外的交易。

这自然会影响我们的交易成功率。它将不可避免地降低。因为，如果我们的交易策略奏效，我们就会按计划开启第二部分仓位。所以，这没什么区别。不管怎样，我们都在市场中。然而，如果我们的交易策略不起作用，我们的统计数据就会增加一次失败的记录。

这种交易方法也会增加整体风险。在交易出现损失的情况下，我们只承担了计划中一半的风险，但由于成功率较低，分批交易亏损的次数与未分批交易相比会增加。

好消息是，通过这种交易方式，我们也增加了实际的利润风险比。因为如果我们的交易成功了，我们达到了利润目标，那么我们的绝对利润就会增加，正如我们已经看到的那样。

此外交易频率也会增加，因为分批交易与一次性交易相比，进入市场的速度会更快。这意味着我们不仅进场速度更快，而且交易的频率也更高。

因此，我们对分批进场第一种方法——分段进场的方法总结如下：通过分两批仓位进场，您可以提高实际的利润风险比，且某些情况下会显著提高。由于交易失败时，您只承担了一半的风险，因此减缓了成功率的降低和交易频率的增加所产生的影响。这里您还需要考虑的是每笔交易所产生的交易费用。根据您交易的金融产品的不同，您的交易费用可能会迅速地大幅降低您的利润。

　　我们还提到了第二种方法，该方法能让我们在保持交易风险不变的同时，增加交易利润。我们发现，尽管我们早点进场利润会增加，但我们必须接受交易成功率会下降这一事实。我们或许可以采用不同的做法。

　　例如，我们可以逐渐地增加仓位。与往常一样，我们在这里进场交易后，继续在出现新机会时增加仓位。为了展示这种方法，我们来看下图 7-4。

图 7-4：标普 500 指数，周线图

　　注：标普 500 指数下跌至 1 处，随后上涨至 2 处，然后回落至 3 处。新的趋势是随着 2 处被突破而确立的。每次回调后，在第 4、6、8、10、12、14、16 甚至 18 点进场，都会增加盈利的概率。来源：www.tradingview.com

我们在标普 500 突破 2 处（1295 点）进场后，按计划进行交易。接着价格向我们希望的方向运行，我们迅速获得第一笔账面利润。价格虽有回调，还是上涨到了 4 处（1425 点），并继续回调。这轮下跌让标普 500 来到了 5 处，也就是 1241 点处。

然而，随着我们不断地进行技术分析，这轮下跌并未让我们感到不安。相反，这对我们来说是一个很好的机会，我们可以低价加仓，从而增加了我们利用刚刚出现的趋势获利的机会。

我们要在市场突破 4 处向上一个高点的位置加仓，抓住这一机会。乍一看，很明显，第 5 处对我们的新仓位来说是一个新的止损点。为了不增加这两个仓位的整体风险，我们要把第一个仓位的止损调整到第 5 处下方。这样，我们这两个仓位就有了相同的止损。

我们必须记住，当市场来到第 5 处时，我们的第一笔交易仍有近三分之一的风险。当然，我们不想增加这两个仓位的整体风险，而是想让风险保持不变。这就意味着我们必须让第二个仓位的尺寸相应地小于第一个仓位。

提醒一下，我们不能让仓位总和承担的风险比原计划风险更高。这是在不增加额外风险情况下提高获胜概率的唯一方法！

我们再看一下图 7-4。标普 500 指数继续从第 5 处上涨。随着市场突破 4 处，我们又建立了第二个仓位，并按计划设定了止损。

突破后不久，价格开始从第 6 处（1477 点）再次回落，并下跌到了 7 处（1318 点）。这是我们在持续上升趋势中增加整体仓位的又一个好机会。我们再次选择 6 处被突破的位置作为下一个进场点，并将上一个低点 7 处作为新仓位的止损点。当然，止损不能完全和 7 处一样，而要比 7 处低几个点。毕竟，我们也不想很快就被止损离场。此外，我们现有两个仓位的止损也位于 7 处。

这时，我们已经锁定了第一笔交易的利润为 23 点，第二笔交易的风险为 107 点。我们可以相应地确定出第三笔交易的仓位大小。

在市场突破第 6 处后，价格来到了第 8 处，创下了 1690 点的新高，然后又小幅回调至第 9 处（1535 点）。同样的，我们要再次借此机会进一步扩大我们的仓位。市场突破第 8 处后，我们再次建立一个仓位，并将当前所有交易的止损点设置在第 9 处下方的 1535 点。

最终，我们的第一笔交易获得了超过 240 点的利润，第二笔交易获得 110 点利润，第三笔交易获得 58 点利润。我们的第四笔交易有 155 点的风险。因此，如果触发止损，我们必须从总利润中扣除这 155 点。

后面，我们继续在每次回调反弹时逐步增加仓位，从第 10 处持续到第 18 处；并将止损从一个低点调整到下一个更高的低点。总而言之，我们开启了 8 个仓位，累积锁定利润超过 3000 点！

不过，即使是最美的趋势，也有结束的时候。所以，我们在第 18 处进场后，价格迅速来到了第 19 处，跌破了前一个低点。我们在 1879 点 19 处被止损离场——在上一个低点下方 25 点处止损离场，所有交易都被平仓。

表 7-2：交易中每个仓位的总览（风险均为点数）

	进场价	止损	风险	止损1	风险	止损2	风险	止损3	风险	止损4	风险	止损5	风险	止损6	风险	止损7	风险
仓位1	1295	1133	−162	1241	−54	1318	23	1535	240	1602	307	1712	417	1789	494	1879	584
仓位2	1425			1241	−184	1318	−107	1535	110	1602	177	1712	287	1789	364	1879	454
仓位3	1477					1318	−159	1535	58	1602	125	1712	235	1789	312	1879	402
仓位4	1690							1535	−155	1602	−88	1712	22	1789	99	1879	189
仓位5	1712									1602	−110	1712	0	1789	77	1879	167
仓位6	1852											1712	−140	1789	−63	1879	27
仓位7	1900													1789	−111	1879	−21
仓位8	1994															1879	−115
利润																	3566

注：表中包含了相应的风险、累计利润、进场价、止损、止损和追踪止损。为了避免直接在高点交易，每个进场价都加了 3 个点。止损一直都有 25 点的安全缓冲区。

总体上，我们获得了 3566 点的总利润！如果我们将这一结果与第一笔交易获得的结果进行比较，则会发现第一笔交易利润很高。通过这种金字塔、追踪止损和增加的 7 个仓位，我们的总利润要比只进行第一笔交易时多赚了近 3000 点。请注意，我们前 4 笔交易是完全盈利的。

最后注意一点。利润的计算是以点数表示的，目的是让您熟悉基本的交易流程。当然，在实际交易中，对应的不同仓位也会产生不同的利润，所以实际结果有所差异。

不过有一点很清楚：就是您在加仓时，建议您逐步降低加仓的规模，以免危及累积的利润。您可以把这种加仓方法想象成一个金字塔。第一笔交易是金字塔的基础，也是仓位最大的一笔交易；第二笔交易，比如，可以降低到 75%；第三笔交易可以降到 50%；第四笔或许只有第一笔交易的 25%。这样，您就可以在保护利润的同时，将获利潜能最大化。您要牢记一点：天下没有不散的筵席，即使最好的趋势也有结束的那一刻。并且随着时间的推移，回调的风险也在逐步增加。

在实际交易中，您往往会发现，最后一笔交易往往是亏的。因此，金字塔越靠近顶部，增加的仓位也会越小。

在实际交易中，受到股票、ETF、期货的交易手数的限制，您会发现这种交易策略的可行性有限。在实际交易中，您不可能搭建一个无限高的金字塔。往往只是一个两层或三层的金字塔。这也足以让您在趋势反转前，能长时间地追随趋势。

我们根据经验得出的结论是：您的账户规模越大，承担的风险越高，

拆分的仓位也越大，搭建金字塔也就越容易。

金字塔结构对我们的资金管理矩阵意味着什么呢？如果我们想要计算精确，那么我们就必须计算好每一个仓位。相应地，我们也会随着金字塔的搭建，而增加交易频率。随着我们追随趋势并不断地加仓，我们也能略微提高成功率。虽然最后一次加仓往往会亏损，但这一点并不会对成功率有多少影响。另一方面，我们的实际利润风险比总体上也会下降。正如我们上面看到的那样，虽然我们有一笔仓位会利润颇丰，但也有很多仓位获利较少。

这就意味着：高交易频率，高成功率，低利润风险比。总之，只要我们将实际利润风险比保持在 1 以上，金字塔式的交易就是改善交易结果的好方法。

我们剩下要考虑的就是风险。如果我们的金字塔搭建得正确，总体风险就永远不会高于单笔交易风险。相反：随着金字塔搭建，由于仓位越来越小，风险还会逐渐降低。与此同时，已经建立的仓位，止损也调整到了新的止损位。底线是，随着我们不断加仓，整体风险不会增加。从这方面来看，我们同样没理由拒绝金字塔式建仓的交易方法。

最后我们可以说：通过分批增加仓位，我们可以将获利潜能最大化。分批进场能在保持风险不变的情况下，让您获得最佳的交易机会。然而，前提条件是您的仓位规模要足够大，可以分割。不过这种方法触及了许多交易者的极限。所以，我们要选择一款能进行仓位分割的金融产品进行交易。

交易者在搭建金字塔时，挑战会逐步加剧。这是因为每次增加仓位，承担的风险都要逐渐降低，这就要求您加仓的规模也逐渐降低。随着金字塔的搭建，复杂的风险管理是交易取得成功的关键。特别是随着时间的推移，市场回调的风险也不断增加，从而增大了止损离场的风险，并且全部仓位都一荣俱荣、一损俱损。这时如果您对交易产生怀疑，最好采取保守型策略。

关于分批进场式交易，我们目前只讲到了进场。接下来，我们也会讲到离场。通过逐步离场，我们也可以提高整体的交易结果。

我们再来看一张图 7-5：

图 7-5：欧元 / 美元外汇比值，60 分钟图

注：价格突破后，出现了快速上涨，很快实现了第一个目标。接着市场进一步上涨并触及主要阻力位。突破后，上涨的走势就被几次短暂的回调打破了。回调的低点为我们设定追踪止损提供了良好的参考点。矩形方框中显示的是利润风险比，以及剩余仓位所获得的额外利润。来源：www.tradingview.com

我们这里交易的是欧元／美元外汇比值，并且是多头交易。该外汇比值在第 1 点触底后，接着上升到了第 2 点，然后回落到第 3 点。接着，外汇比值再次迅速上涨。

我们想在市场突破 2 处所在的 1.11023 美元时进场。止损设置在第 3 点下方，并且我们给自己设定的利润风险比为 1.5。这意味着，如果风险是 21 点，那我们的利润要达到 32 点左右。因此，我们将止盈目标设在 1.11343 美元（4 处的离场 1）。

从图中，我们知道：在通往目标的路上，有几个障碍需要克服。我们可以看到：这些障碍分别是位于略高于 2 处的阻力位，以及一些由以前的低点形成的阻力位。由于该外汇比值可能会在这些位置出现回调，因此根据我们的技术分析，1.5 的利润风险比与我们的交易比较吻合。您在前文中也见过这种经典的交易场景。

到目前为止，我们取得的成果一直不错，因为我们计划的利润风险比和实际的利润风险比让我们在交易规划方面取得了长足的进步。

我们现在要选一个离场策略。为此，我们设定了上述的止盈目标。不过在该目标处，我们只想对一半的仓位进行平仓，并锁定另一半仓位利润。

我们再回到交易的图上来。我们进场后，价格毫不犹豫地迅速上涨。而随着价格的上涨，我们的止盈目标也已实现。此时，我们按照计划，对一半的仓位进行平仓止盈。这样我们这部分仓位就实现了 1.5 的利润风险比。我们会让剩下的仓位继续交易。接着我们可以调整追踪止损，直到剩余部分仓位被止损离场。

每当出现更高的低点时，我们就调整剩余的仓位的止损。现在我们前半部分的仓位已经平仓。价格到达了 A 点后，这一点成了新的止损。当市场进一步上涨后，低点 B、C 和 D 也相继被标记成了止损。当止损被调整到 E 点下方的 1.12160 美元时，我们已经锁定了 123 点盈利。

从 E 点开始，欧元／美元外汇比值虽然继续上涨，但没有再创新高。相反，它跌破了上一个低点，最终跌至 1.12160 美元。此时，我们对剩余仓位进行了止盈离场（5 处），获得了 123 点利润。加上我们前半部分仓位的利润，我们的实际利润风险比达到了 3.7。如果我们将这一结果与未分批离场的结果相比，就会发现这一交易策略的优势很明显。

为了让我们的分析更加完整，我们也可以看一下这笔交易的计算过程。正如开头所提到的，这样的策略只适用于具有一定规模的交易账户。因此，为了简单起见，我们将一个拥有 20000 美元交易资本的账户作为计算的基础。我们要将其中的 1% 作为风险，绝对风险金额也就是200 美元，为了更实用，我们将绝对风险设定为 210 美元。如果交易外汇，在这种风险下，我们可以交易一手或交易 100000 美元。该交易所承担的风险金额，构成了以下的计算基础（表 7-3）。

表 7-3：交易欧元 / 美元外汇比值进行的计算

项目	一次性离场	分批离场 1	分批离场 2	总利润
进场价	$1.11023			
止损	$1.10810		$1.12260	
风险（点）	21			
目标利润	$1.11343	$1.11343		
利润（点）	32			
计划利润风险比	1.5			
第 1 部分利润（点）		32		
第 2 部分利润（点）			123	
实际利润风险比	1.5	1.5	5.9	3.7
仓位大小	$100000	$50000	$50000	
绝对风险	$210			
绝对利润	$320			
第 1 部分利润		$160		
第 2 部分利润			$615	$775

注：该计算是以 20000 美元的交易账户和 1% 的风险为基础进行的，结果显示了一次性离场和分批离场的结果。分批离场的总利润可能会显著增加。

我们在计算中看到，分批离场的第 2 部分仓位实现了 5.9 的利润风险比。这远超过了我们的预期。然而，尽管该交易中取得了好的成绩，但我们必须指出的是：我们的第二部分仓位并非每次都会实现进一步的盈利，相反往往都会被较早的止损离场。

您应该意识到，通过拆分仓位，虽然您抓住获得额外利润的机会，但如果您没有获得额外的利润，那么您的总体表现将比一次性平仓糟糕得多。

这时我们就要使用资金管理矩阵进行批判性检查。如果我们在获利时分批离场，我们成功率不会发生改变。无论是半仓离场还是完全离场，这笔交易都是成功的。然而，这里的前提是我们将这两次离场视为一笔交易。既然我们开启交易时是按一笔交易进行的，所以我们也可以继续将其视作一笔交易。因此，成功率不会改变。那么交易频率呢？交易频率也保持不变。在盈利的情况下，分批离场不会改变交易频率，但是它会改变交易成本。我们对第 2 部分仓位平仓时，会增加交易的成本。成本的增加会从根本上导致风险的增加，事实就是如此。除此之外，单笔交易的风险仍然是不受影响的。如果市场到达止盈目标后就迅速把止损调整到进场点，那么亏损的风险就消除了。这时唯一的风险是：剩余的仓位不盈利，而是在盈亏持平的进场点被止损离场。当然了：这就会直接影响实际的利润风险比。这是因为，如果剩余的仓位没有盈利而是在盈亏持平时结束交易，那么实际的利润风险比就会减半！与最初的风险相比，我们只承担了一半的风险！

我们再深入思考一下这一逻辑。假设我们为了利润最大化，冒着实际利润风险比减半的风险。那么这会给您带来一个重要的后果。只有当您在形成趋势的市场中交易时，才使用这种方法。趋势走得越远，您就越要仔细寻找反转信号。这种反转信号可能是 K 线的反转形态。这一交易策略同样需要专业的交易管理。

关于分批离场，我们来看另一种专业的管理方法。这种方法并不太注重利润最大化。我们使用这种方法时，与其说是为了实现利润最大化，不如说是为了最大限度地降低损失。我们来分析，当我们没有盈利而是亏损时，该如何分批离场。

我们来看一下另一张图7-6：

假设我们要交易阿里巴巴的股票。为了能冷静地制订交易决策，我们选择用周线图进行图表分析。我们可以看到：阿里已经在一轮上升趋势后，回调到了1处所在的164.25美元处。接着，该股票攀升至2处的206.20美元的新高，接着遇到了抛售并下跌至3处的166.13美元。我们猜测股价会进一步上涨，并在价格突破2处时开始交易。对我们不利的是，阿里的表现并不像我们希望的那样，而是恰恰相反。在初

图7-6：阿里巴巴（BABA）周线图

阿里首次出现趋势反转的迹象时，是出现中期高点并回调产生较高的低点。市场突破2处所在高点后，应该延续上涨趋势。而亏损时分批离场可降低总亏损。来源：www.tradingview.com

步横盘后，股价就立即开始下跌。看起来股价即将触发我们设置在 1 处（164.20 美元）处的止损。通常情况下，止损应放在 3 处下方，但由于 1 处和 3 处非常接近，我们决定让它更安全一点，并给市场更多的回旋空间，所以止损设置在了 1 处。

基本上，这不是什么大问题，因为通过专业的风险管理，我们可以保护自己免受计划外的亏损。不过这并不意味着我们喜欢亏损，也不意味着我们只能袖手旁观，看着交易亏损。但我们也不想这么直接地退出，因为我们前面已经谈到过一点，即：干涉交易会适得其反，也许市场只是需要一些空间来呼吸。

那么，除了眼睁睁看着交易被止损离场外，我们还能做些什么呢？我们在交易亏损时，还可以积极地进行交易管理。如果出现亏损，我们也建议您将仓位分批离场。要想专业地实现分批离场，例如：您可以根据图表技术分析分批离场。

在图 7-6 中，由于 A 点出现了阳线（绿柱），所以至少 A 点出现了一轮上涨，接着市场又从 A 点回落到 C 点。我们可以把这根阳线和这次反转当作我们减仓的机会。为此，我们要给部分仓位设置止损，例如：把半数仓位的止损设置到 C 点的下方（184.75 美元）。如果价格跌破 C 点，我们就对这一半的仓位平仓。然后，保持另一半仓位不变。剩下的一半仓位仍然受到原始止损的保护。

采用这一策略的优势在于：我们可以在降低亏损的同时，保留获利的机会。通过这种交易方式，我们的风险管理和资金管理都可以做得很好。

然而，我们这时必须确保不会过早地平仓。如果过早地平仓，您达成目标、实现大幅获利的机会就非常渺茫。这是因为，即使您的交易结果仍然盈利,我们也必须在剩余仓位的利润中扣除前期平仓产生的亏损。这时最好的情况是您保持盈利,但根据经验来看,即便我们盈亏持平、不必自己承担交易成本,我们就会很高兴。正因此,我们不能仓促交易,而是要始终有意识地按照固定的标准行事。在这一点上,图表分析能很好地帮助我们确定出:价格达到什么位置时我们大概率会亏损。

我们也从具体数字的角度来看一下结果:

表 7-4: 通过对部分仓位平仓, 总损失减少了 26% 以上

项目	一次性交易	分批交易 1	分批交易 2	总利润
进场价	$206.20			
止损	$164.20	$184.75	$164.20	
风险额	$42.00	$21.45	$42.00	
持股数量	11	6	5	
仓位大小	$2,268.20			
绝对风险	$462.00			
绝对亏损	−$462.00	−$128.70	−$210.00	−$338.70

数字不言自明。假设我们的交易账户中有 50000 美元,并且承担的风险和往常一样为 1%,那我们可以购买 11 股阿里的股票。而卖出一半的仓位后,也就是 11 股中的 6 股,我们就能将亏损降低 26.7%。避免亏损几乎就等于获得收益,这改善了我们后续交易的基础。

三、如何链接不同的时间框架

尽管我们现在所讲的内容已经比较深奥，也非常的专业，但仍有一个知识点需要您去学习。

到目前为止，我们一直假设是在一个时间框架内交易。进场点和离场点都在同一个时间框架内。例如，我们在分析一个市场时，要么只在小时图上进行、要么只在 4 小时图上进行、要么只在日线图或周线图上进行。相应地，进场点和离场点也是在同一张图表上确定出来的。这是合理的，并且已经证明给我们带来了明显的积极结果。

接下来的内容就是以此为基础展开的。我们已经注意到：不同的交易风格适用于不同的时间框架。但是，当我们的眼光能看得更远时，我们就不必只分析一个时间框架。这样，我们或许可以在不改变交易风格的情况下提高交易的业绩。

如果您分析的是两个或三个时间框架，而不是一个时间框架，会出现什么情况呢？分析不同的时间框架对您有多种好处。

一方面，您可以识别出隐藏在其他时间框架中的阻力和支撑。您可以通过有意识地选择性交易来提高成功率。另一方面，您可以通过在不同时间框架的图表中寻找不同的进场信号，来完善您的进场点。这能让您有机会获得更多的利润，找到更好的进场点。此外，您也可以更精确地确定止损，例如，您可以在更低级别的时间框架下确定止损的具体价位。尤其是第二点，可以帮助您在保持风险不变的情况下推进资金管理。

我们来看第一种。想象一下，此时您正在用自己喜欢的时间框架分析市场，就跟您设定止损和止盈目标一样，您也根据自己的交易策略确定好进场点。当进场点被触发时，您开始了交易。市场接着朝与您有利的方向运行，交易出现了盈利。现在这笔交易看起来很成功，但接着走势突然放缓，市场开始横盘，然后大幅回调。您即将从最初的盈利变成亏损。

怎么搞的？也许您错过了一条重要的消息，也许您未能正确地进行分析，还有哪些您没有考虑到？

我们经常遇到这种情况。我们已经讲过，很多情况下都会发生这种类似的事情，我们正因此才建立了风险管理系统。尽管如此，我们

图 7-7: 英特尔 15 分钟走势

英特尔在保持了一段时间的上升趋势后，价格突然突破了通道，创下了新高。多么强势地上涨！接着，在创下新高后，价格缓慢而稳定地朝着更低的低点下跌。

来源：www.tradingview.com

至少可以部分避免这种情况。如果我们分析市场时，不仅限于分析一种时间框架，而是也分析相邻的时间框架，那我们当然就可以偶尔避免一些亏损。

我们看一下英特尔公司的15分钟走势（图7-7），以获得更清晰的画面。

英特尔的图表中，就出现了前文中提到的情况。随着市场开盘后，价格跳空上涨，并在开盘后15分钟内保持盈利。对日内交易者来说，可以在开盘15分钟后、市场突破高点或跌破低点时进场。随着价格持续上涨，我们在1处的58.76美元（包含了5美分的安全缓冲）进场交易。我们把止损置于2处的58.08美元（同样包含了5美分的安全缓冲）。如果价格跌破该低点，我们就认为这笔交易盈利的可能为零，上涨趋势也不会延续。

进场后，交易实现盈利，股价创下了新高，一切看起来很好。但突然间，上涨势头戛然而止，价格开始逐渐下跌。最初的下跌走势最终导致我们的交易在几个小时、几天后触发止损，交易结束，标志着一次失败的交易。随着时间的推移，价格横盘一段时间后，接着进一步下跌，回到了跳空缺口3处。市场不再上涨，至少短期内不会。

此时出现的问题是，我们是否能避免这种情况。答案喜忧参半的：能也不能。因为在15分钟的图表上，没有进一步的迹象表明上涨会遇到障碍。这时我们就要分析其他时间框架的图表了。为了看得更明显，我们可以从分析15分钟图转到分析日线图。也许我们可以在日线图上找到线索。

我们来看一下日线走势（图7-8）：

图 7-8：英特尔日线图走势

注：股价在经历一轮下跌后，英特尔在中间部分出现了很长一段时间的横盘，然后开始上涨。来源：www.tradingview.com

我们可以看到，在强劲的牛市之后，英特尔达到了之前的水平，也就是所有麻烦开始的地方。这是一个重要阻力位！价格缺口的前一天，也就是我们开盘的前一日，价格在一个显著的区域形成了一定的烛光。蜡烛被称为十字星，它至少表明了市场的不确定性。在一个非常敏感的领域，比如主要阻力，它会说"等等，我们对下一步行动不太确定。"所以，这是我们试图打开交易的领域，投机更高的价格。

所以，我们买下了抵抗力量！更糟糕的是，我们在当天的绝对高点附近买入。这种阻力在 15 分钟图表上看不到，因为相对于时间框架来说，它离切入点太远了。然而，在日线图上是这样的。根据这些信息，您会在开盘时对价格上涨进行投机吗？可能不会。也许您会选择另一个方向，即做空。

图 7-9：英特尔周线走势

英特尔正处于一个长期的上升趋势，被一次修正所打断，该修正已经结束，现在达到了一个强大的障碍。来源：www.tradingview.com

15 分钟图和日线图的比较，就已经给我们带来了清晰。为了完整起见，让我们看看上面的下一个时间框架，即周线走势（图 7-9）：

我们可以看到，英特尔正处于一个长期的急剧看涨走势中，这一走势在 1 处戛然而止。在大幅回调之后，随后的横盘走势也可以在周线图上看到（箱体形态）。此外，可以看出，价格上涨势头强劲，进入前一高点区域。事后看来，我们现在看到，选择相反的方向做空会是一个更好的主意。但我们也看到，没有止损的交易不仅危险，还包括立即清空交易账户的危险。

我们可以从这个三重时间图分析中得出几个结论：

1. 重要的是要确定隐藏的阻力或支持水平，以避免交易从一开始就注定要失败。对您来说，这意味着您应该至少出现一个时间框架，以确保您的交易想法没有隐藏的障碍。

2. 我们可以通过分析几个时间框架来确定基本的趋势方向。然后，您可以在分析中更好地确定您的交易是按照优势趋势进行的，还是您的交易只是对优势趋势的修正。根据这一点，您当然必须确定并设定您的利润目标。

3. 这种形式的分析有助于我们超越地平线。您可以通过多种方式再次使用此功能。

好机会就是好机会！因此，如果您看到有一笔好的交易在较短的时间内等待着您，您没有理由不根据您的标准进行检查并实施它。此外，这种方法可以帮助您改善交易的时机。正如我们在上面看到的那样，向上移动的想法并不是根本错误的。但管理层确实如此。显然，与其寄希望于下一次大动作，不如设定一个适度的利润目标。另一方面，如果您进入交易并承担损失，然后意识到机会就在另一边，为什么不这样做呢？这给我们带来了一个非常重要的见解。

永远记住：上涨或下跌——是市场告诉您该走哪条路，而不靠预测！

也许您现在想知道这种考虑与风险和资金管理有什么关系。当然，很多。我们已经看到了关注交易质量对您来说是多么重要。您的目标必须是保持资金管理矩阵的元素始终处于高水平。这也包括关注成功率。如果您现在通过这种类型的分析至少排除了一些注定会失败的交易，那么这会对您的成功率产生直接的积极影响。它会上升，尤其是如果您能发现一些您可能没有发现的有利可图的机会。

仅出于这个原因，就值得将几个时间框架相互比较，从而更好地了解市场上正在发生的事情。我们也可以看看这个想法的另一个积极影响。

通过分析不同的时间框架，您得到的第二个积极影响是细化您的入口和／或出口。这允许您在触发实际信号之后甚至之前的较低时间框架内搜索入口，从而优化利润潜力。或者，即使您错过了实际的切入信号，您仍然可以找到一个切入点。要做到这一点，请在突破后较低的时间范围内使用校正。从那里您仍然可以进入市场，即使在您喜欢的时间范围内没有开仓的可能性。

让我们来看看这方面的具体情况。我们希望长期交易标普500指数，因此在周图中进行分析（图7-10）。

图 7-10：标普 500 指数周线图

注：标普指数大幅下跌到1处，其上涨速度与下跌速度一样快，迅速反弹至2处。在价格越高的区域回落并修正到3处，远高于1处。从3处开始，上升趋势持续。来源：www.tradingview.com

标普 500 指数在 1 处回落至 2346.58 点后，继续上涨至 2 处，报 2954.13 点，略高。价格随后遇到阻力位，回落至 2728.81 点的 3 处。2 处的最后一个高点与另一个前一个高点 0 处相结合，形成了强大的阻力。下跌到 3 处之后，随着绿色的大烛台拥抱红色的烛台，我们可以肯定上升趋势将继续。因此，我们希望利用这个机会进入市场并开展贸易。我们想利用 2945.13 点的最后一个与高点 2 处齐平的 4 处来打开仓位。我们的止损点将低于 3 处，为 2728.81 点。到目前为止，我们一直使用的经典方法就到此为止。

我们现在想进入一个较低的时间框架，看看我们是否能早点进入市场。也许我们可以把切入点和止损点之间的距离缩短一点，如图 7-11。

图 7-11：标普 500 指数日线图

注：标普 500 指数正处于一个不断被回调和横向移动打断的上升趋势中。来源：www.tradingview.com

日线图中的标普 500 指数给了我们一个更详细的画面，我们可以看到每一周发生的细节。由于我们已经完成了周图中的长期分析，我们可以集中精力在进入详细工作之前的即时时间。

我们可以看到，标普 500 指数已从 2954.13 点的 1 处跌至 2728.81 点的 4 处。我们已经在周图表中注意到了这一点。在那里，1 处对应于日线图中的 4 处或 A 点。与周图形成对比的是，标普 500 指数似乎在没有中断的情况下急剧下跌，仅停在 2728.81 点的低点，我们在日线图中看到，下跌伴随着从 2 处到 3 处的短暂修正。

为了在日线图中找到我们的切入点，我们可以再次寻找价格进一步上涨的概率大于价格进一步下跌的概率的点。这是在 2892.15 点的 3 处到 2910.61 点的 B 点的区域内。如果价格上涨超过它，那么较低的高点和低点序列已经被打破，有机会继续上升。

通过这样做，我们可以将 B 点之上的入场点设置为 2910.61 点。这也为我们提供了一个安全缓冲，以防市场试图欺骗。我们可以按照周图中的计划将止损点留在 2728.81 点，或者更好的是略低于 2725 点甚至 2720 点（4 处）。

如果我们进行比较，那么通过改变时间框架，我们可以将条目从 2954.13 点移动到 2910.61 点。这给了我们 43.52 分的优势！最后，我们对这两个时间框架的分析使我们能通过叠加这两个分析来完成我们的整体画面，如图 7-12。

图 7-12：标普 500 指数周线图

注：日线图和周线图叠加的结果，进一步参考了更伟大的画面。来源：www.tradingview.com

图 7-12 中，如果我们将日线图和周线图分析的结果结合起来，我们也可以准确地评估应该如何进入日图中间位置。也许您已经注意到，我们实际上已经接受了即将到来的抵抗。在日线图中，这比在周线图中具有更大的相关性。周图显示了优越的上升趋势，这支持了我们的观点，即上升应该继续。因此，我们也可以将阻力被打破的可能性归类为高。这种交易是合理的。

让我们仔细看看这两个时间框架提供的不同管理可能性。使用周线图，止损被确定在 3 点以下，这是价格修正的低点，也是上涨趋势继续的地方。从周线图来看，没有其他合理的选择。但如果您深入日线图，您会发现几个止损选项。一个选项是在 C 点以下 2874.68 分的情况下非常紧张。当然，这一次非常激进，被淘汰的风险比周图中要高得多。但我们也必须考虑到，止损如此紧密的仓位规模要比止损更宽的仓位规模大得多。所以，问题是您想在交易中实现什么，以及作为一名交易者，您是相当激进还是防御性。还要记住，如果您决定使用紧密止损，一方面您可以使用更高的仓位大小，但与更广泛的止损相比，您也可能更早被止损。

查看日线图，您会发现，如果止损更紧，您要么会以小幅盈利退出交易，要么会以计划亏损退出交易——这取决于您的交易管理。如果您使用更广泛的止损，您将能捕捉到市场的长期和更有利可图的波动。但在交易过程中，您也必须经历几次价格调整。因此，再次强调，专业和成功的交易是个人偏好的问题，我们不做优劣区别。

在这里，您可能也想知道与我们的主题风险和资金管理的相关性。当然，这是既定的。对资金管理矩阵要素的影响可以立即感受到。

通过完善您的条目，您肯定可以提高您的已实现利润风险比，因为如果您赢了，您只需为相同的风险获得更多。成功率可能会略有下降，因为如果您早点开始，您总是有收到错误信号的风险。更高的利润风险比超过了这一缺点，因此从资金管理的角度来看，这种两阶段程序绝对是明智的。交易频率也可能有所增加，当然，过早进入头寸的危险性很大，这不会触发实际的交易信号，反而会出现亏损。在这种情况下，您打开了一个在实际时间范围内不会打开的仓位。从这个意义上说，即使每个头寸的风险没有增加，也必须考虑整体风险。

总的来说，显著较高的已实现利润风险比被可能降低的成功率和可能增加的总体风险交易频率所抵消。我们已经多次强调，实现的利润风险比是衡量我们所有事情的标准。因此，这种潜在的优势超过了可能的劣势。当然，您必须经常检查您的结果在这方面，如果您的总体结果恶化，请立即采取对策。

本章重点摘要

★如果使用得当，追踪止损可以确保您的应计利润。

★逐步进入一个职位可以在不增加风险的情况下确保您获得更多利润。

★以金字塔的形式逐渐增加您的头寸，可以让您在现有趋势中实现利润最大化。

★如果您决定在利润目标上让部分头寸进一步运行，那么趋势是绝对必要的。后止点确保剩余子头寸的累积利润。

★如果出现亏损，您可以通过清算部分头寸来减少整体亏损，从而为下一笔交易保留宝贵的资金。

★在多个时间段内进行分析可以打开整个画面，并帮助您识别隐藏的阻力或支持。

★通过使用次级时间框架，您可以细化您的条目，从而实现更高的利润风险比。

第八章

通过规划小步骤实现大目标

在学习了前面的多个章节后，您一定在专业风险管理和资金管理方面取得了长足的进步。不仅如此，您还学习了一些具体的技术方法，让您能利用资金管理矩阵专业地管理交易。这为您在金融市场上持续取得成功提供了必要的工具。

这就引出本章的内容：许多投资者和交易者都会把交易与赚大钱、财务自由联系在一起，并想成为一名专业交易者！

好消息是这的确能实现，但坏消息是，要想实现这些目标，您要具备多种条件。除了要具备专业的风险管理和资金管理外，还要有预期良好的盈利策略。要制订出这种盈利策略，您要对基本面和技术分析有充分的了解。您在分析过程中，只有当您能把各个部件都联系起来时，才能看清大局，您在进行长线交易时尤其需要如此。正因此，我强烈推荐进一步深入学习这部分内容。

一、了解您自己及资金目标

您除了要掌握一些确凿的交易知识外，还要了解执行交易的人——也就是您自己！我们讲到了交易中不同的个人要求，以确保您的交易风格、交易策略和风险管理真正适合您，并且您要对"交易者人设"感到舒适。只有这样，您的交易才能真正成功。我也建议您进一步查阅该方面的文献资料。

除了关于交易、关于市场、关于您自己的知识外，这里我还想讲两个重点：您在交易中的自律以及和您交易的资金。

我们前面已经详细讲了交易资金，并讲到专业风险管理和资金管理的目的不仅是保护资金，同时也是让资金增值。我们会在本章的后续内容中更详细地探讨这一点。

自律则是另一回事。虽然我们反复听到人们在讲自律，但是自律来自您的内心，只有当您每天都专注于交易、每天都充满动力地进行交易时，才能保持自律。这就是认真对待风险管理和资金管理很重要的原因。专业的交易管理是您能日复一日、积极自律进行交易的基础。

这怎么可能呢？风险管理和资金管理能在多大程度上让您在交易时保持自律呢？

通过风险管理，您能防止大幅的亏损。有时您甚至要接受一系列的亏损，才能保持精神上的行动能力。从这个意义上讲，严格的风险管理有助于您在熊市中保持客观冷静。您在交易中最人性化的情绪甚至会阻碍您在交易中取得成功，因为无论是恐惧还是贪婪，您都不能让其替您做决策。

专业的风险管理和资金管理可以保护您免受这些情绪的影响。如果执行得当，您在交易前就已知道交易后的结果。您知道会亏损多少，也知道能盈利多少。无论您开启交易后的市场走向如何，您都清楚地知道正常情况下会产生什么结果。这样您才能做出理性的交易决策。一旦交易开启后，您唯一能做的就是专业地管理交易。

我们之所以在整本书中一再谈及亏损，是有原因的。因为，交易中出现的亏损就好比经商时产生的成本。

虽然每个人都希望尽可能地降低成本、增加利润，但成本往往都是无法避免的。亏损就好比成本，它是交易中不可避免的一部分，而这也是我们要深刻理解的一个重点。

或许下面的方法能帮您应对亏损：

我们在前一章中讲到了预期值。预期值为正，就意味着平均每笔交易都会产生一定的利润。这就是说在您预期的交易策略中，无论单笔交易是以盈利结束还是以亏损结束，总体上都是盈利的。换句话说：每笔交易都在让您走向盈利！

总的来说，您每克服一次失败的交易，都会让您离成功更近一步。

再强调一遍：一笔交易并不能决定什么，亏损也是单次亏损；起决定性作用的是总交易结果，您必须确保总体的交易走向盈利。

通过资金管理，我们希望能不断提高总金额。我们也对此进行了充分的讨论，您已经知道了许多可以在这里使用的元素。让我们在这一点上再深入一点。

二、如何增加您的资本基础，扩大您的交易账户？

在计算头寸规模的过程中，我们已经确定交易账户的百分比方法最适合我们的目的。通过固定与您的交易账户相关的百分比金额，您可以保持绝对金额的可变。例如，您总是冒着交易账户 1% 的风险。在这种情况下，我们也明确表示，这种方法就像是对您的交易账户的刹车和加速器。如果您的账户增加是因为您处于一个反复获胜的时期，那么您所承担的绝对风险随着每一笔新交易的增加而增加。这只是因为您的交易账户规模会增加，1% 规则适用的基数会增加。您真的打开了涡轮！

当然，同样的效果也会反过来起作用。一旦出现亏损阶段，百分比固定就会减缓每一笔新交易的财务下滑。风险的绝对金额从一个头寸减少到另一个头寸，直到趋势逆转，您再次实现盈利。

仅这一考虑就值得用绿色强调。然而，如果您意识到在这种情况下的数学定律，那就变得非常有趣了。因为您可以使用制动器和加速器的这种效果来持续建立和扩大您的交易账户。

为了真正能从事职业交易者的职业，您需要一定的财务基础。根据安娜、瑞克和彼得的示例账户，您肯定已经注意到，这三个账户都不适合通过自己的交易来确保永久收入。

在这种情况下，我们可以看看在不同的账户规模下有多少收入是可能的，以及哪个账户规模可以导致什么结果。

表 8-1：账户收益表

	单位时间回报率	10%	20%	30%	40%	50%
仓位大小	$5000	$500	$1000	$1500	$2000	$2500
	$15000	$1500	$3000	$4500	$6000	$7500
	$25000	$2500	$5000	$7500	$10000	$12500
	$50000	$5000	$10000	$15000	$20000	$25000
	$100000	$10000	$20000	$30000	$40000	$50000

正如您看到表 8-1，以上五种账户规模已经需要非常专业地进行交易，并取得持久的积极成果，以确保作为一名专业交易者的生活。当然，您最清楚每个时间单位能获得多少回报。无论您是每天、每周、每月还是每年都能获得 10% 的回报，这都会有所不同。即使您通过交易获得了 10% 的回报，也就是说，每年的利润，这是非常值得尊敬的。然而，使用上面列出的账户规模，您将无法从长期职位中获得财务自由。

如果考虑到要扣除的税款，整个情况会变得更糟。然后相应地减少结果。为了使观察结果对任何人来说都简单而真实，我们将避免这种表述。然而，您可以在自己的计算中轻松计算税收对交易结果的影响。

也许现在您会说：“10%？我每周都这样做。”然后请注意，市场有高波动的阶段，也有低波动的阶段。在这些脆弱的阶段，您想靠什么生活？不要给自己施加压力，也不要在胁迫下进行交易！这将对您的结果产生直接影响——一个负面的影响。这反过来又会降低您的财务基础，给您带来更大的压力。

也许上述账户规模可能不会让一名交易者过上舒适的生活。然而，它们都是开始扩大这样一个账户规模的好时机。

在这种情况下，您只需简单地想一想，每年 10% 的回报率会产生多少利润。如果您继续这一过程，并将赚取的利润留在您的交易账户上。您觉得账户将出现什么变化呢？

我们来看一下，如果您起始资金为 10000 美元，您的账户会变成什么样？

表 8-2：一个 10000 美元资金账户按复利 10% 演变情况

时间单位（年）	初始金额	收益	最终金额
1	$10000.00	$1000.00	$11000.00
2	$11000.00	$1100.00	$12100.00
3	$12100.00	$1210.00	$13310.00
4	$13310.00	$1331.00	$14641.00
5	$14641.00	$1464.10	$16105.10
6	$16105.10	$1610.51	$17715.61
7	$17715.61	$1771.56	$19487.17
8	$19487.17	$1948.72	$21435.89
9	$21435.89	$2143.59	$23579.48
10	$23579.48	$2357.95	$25937.42
11	$25937.42	$2593.74	$28531.17
12	$28531.17	$2853.12	$31384.28
13	$31384.28	$3138.43	$34522.71
14	$34522.71	$3452.27	$37974.98
15	$37974.98	$3797.50	$41772.48
16	$41772.48	$4177.25	$45949.73

续表

时间单位（年）	初始金额	收益	最终金额
17	$45949.73	$4594.97	$50544.70
18	$50544.70	$5054.47	$55599.17
19	$55599.17	$5559.92	$61159.09
20	$61159.09	$6115.91	$67275.00
21	$67275.00	$6727.50	$74002.50
22	$74002.50	$7400.25	$81402.75
23	$81402.75	$8140.27	$89543.02
24	$89543.02	$8954.30	$98497.33
25	$98497.33	$9849.73	$108347.06
26	$108347.06	$10834.71	$119181.77
27	$119181.77	$11918.18	$131099.94
28	$131099.94	$13109.99	$144209.94
29	$144209.94	$14420.99	$158630.93
30	$158630.93	$15863.09	$174494.02

注：一个起始资金 10000 美元、年 10% 收益率的交易账户，30 年后累计可以增长到税前 174000 美元以上。

如果您每年通过交易赚取 10% 的收入，您的账户可以在 30 年内达到 174000 美元。这实际上看起来不错。这一结果，您已经超过了通常的资本投资。但也许您会达到每季度 10%？或者实际上是一个月？

如果您年复一年地产生 25% 的回报，结果会是什么样子？

表 8-3：一个 10000 美元资金账户按复利 25% 演变情况

时间单位（年）	初始金额	收益	最终金额
1	$10000.00	$2500.00	$12500.00
2	$12500.00	$3125.00	$15625.00
3	$15625.00	$3906.25	$19531.25
4	$19531.25	$4882.81	$24414.06
5	$24414.06	$6103.52	$30517.58
6	$30517.58	$7629.39	$38146.97
7	$38146.97	$9536.74	$47683.72
8	$47683.72	$11920.93	$59604.64
9	$59604.64	$14901.16	$74505.81
10	$74505.81	$18626.45	$93132.26
11	$93132.26	$23283.06	$116415.32
12	$116415.32	$29103.83	$145519.15
13	$145519.15	$36379.79	$181898.94
14	$181898.94	$45474.74	$227373.68
15	$227373.68	$56843.42	$284217.09
16	$284217.09	$71054.27	$355271.37
17	$355271.37	$88817.84	$444089.21
18	$444089.21	$111022.30	$555111.51
19	$555111.51	$138777.88	$693889.39
20	$693889.39	$173472.35	$867361.74
21	$867361.74	$216840.43	$1084202.17
22	$1084202.17	$271050.54	$1355252.72
23	$1355252.72	$338813.18	$1694065.89

续表

时间单位（年）	初始金额	收益	最终金额
24	$1694065.89	$423516.47	$2117582.37
25	$2117582.37	$529395.59	$2646977.96
26	$2646977.96	$661744.49	$3308722.45
27	$3308722.45	$827180.61	$4135903.06
28	$4135903.06	$1033975.77	$5169878.83
29	$5169878.83	$1292469.71	$6462348.54
30	$6462348.54	$1615587.13	$8077935.67

注：一个起始资金 10000 美元、年收益率 25% 的交易账户，30 年后累计可以增长到税前 800 多万美元。

这对您来说意味着什么呢？当然，结果不言自明。尽管我们已经多次表明，如果您优化资金管理矩阵的各元素并注意交易质量，25% 的收益率是完全能实现的。深思熟虑和明智的行动是成功的关键。

当然，基本的先决条件是始终有一个恰当的盈利策略。我们一再提到这一点。但最终，最重要的因素是您——因为您才是执行交易的人，能否实现这一数据完全取决于您自己。这也意味着能应对日益增长的绝对风险。例如：如果您每次交易都承担交易账户 1% 的风险，那么对于一个 10000 美元的交易账户来说，100 美元是可以接受的。但如果您的账户增长，达到 10 万美元，那么现在的风险就是 1000 美元。如果您的账户规模达到 50 万美元，则每笔交易的风险为 5000 美元。按百分比计算，虽然我们仍是 1% 的风险，不过金额已经显著提高。您一定要能应付这一情况，因为只有严格遵守计划，才能达到上述金额。而一且您偏离了计划，您的整体结果就会有风险。

我们为什么要在这些数字上如此较真？因为这样您才能感觉到，遵循交易策略并注重交易质量，可以赚多少钱。这时如果您采用资金管理矩阵，并按照要求对矩阵里的各元素进行优化，那么您就在实现目标的路上了。

将这句金言送给您："复利是世界第八大奇迹。"——梅耶·罗斯柴尔德

本章重点摘要

★专业的风险管理和资金管理可以保护您在交易中免受有害情绪的影响。

★固定的风险百分比在交易中起到了刹车和加速器的作用。在牛市阶段加速，在牛市阶段自动刹车。

★复利效应甚至让小额账户也能增长成巨额账户。好好利用这个效应！

结束语

亲爱的读者！本书的内容已经来到尾声，我们希望您能从这本书中有所收获，并能投入交易之中。

我们讨论了很多问题，从生活讲到了市场交易。回顾市场，我们发现，要想明天还能在市场中交易，风险管理则必不可少，这正是我们希望您所具备的。您要把自己读到的和学到的知识、策略集中精力研究，付诸实践，尤其是应用好赫斯特通道。维护好您的财务基础，并不断地进行巩固，直到您实现自己的交易目标。您要利用好赫斯特通道大小周期的规律，并优化"资金管理矩阵"中的各元素，并不断对其进行改进。

我们写这本书的目的是告诉您，交易不是巫术。您不必过度进行交易，也不必采取特别奇特的策略就能取得不错的结果，当然您也不必冒太大的风险。

永远记住：只要您每笔交易承担的风险为账户总额的 1%，并执行了 100 笔交易，成功率为 50%，实际利润风险比为 1.5，那您就能获得 25% 的资本回报！在前面全书中，您已经看到：如果您能持续不断地获得 25% 的收益，您就能通过复利获得巨大的回报。为了实现这个目标，从现在起，您只能遵循一个原则：质量先于数量！

您要有一个好的交易策略，并了解自己的交易偏好和遇到的挑战，还要保持纪律。我们很乐意帮助您去建立交易策略，了解自己的偏好，保持交易的自律。

请随时联系我们。我希望能收到您的问题、建议和反馈。您可以通过斗牛士交易者学院（Torero Traders School）的网站到我们。此外，您也可以通过本书的渠道找到我们！

祝愿大家交易顺利，实现个人交易目标，并取得巨大成功！

维兰德·阿尔特　孙国生

关于斗牛士交易者学院

斗牛士交易者学校（Torero Traders School）的目标是向交易者和投资者展示实现财务目标的方法，并支持他们实现目标。因此，斗牛士交易者学校视自己为交易者和投资者的伙伴和导师。

为此，斗牛士交易者学校会以视频课程、网络研讨会以及个人培训的形式为感兴趣的人提供全面的教育和辅导。

斗牛士交易者学校的培训旨在传授必要的知识，使每个参与者都能制订自己的交易方法。因此，投资者获得了将自己的财务未来掌握在自己手中并做出独立投资决策的知识和技能。您可以通过网站了解：www.torero-traders-school.com

免责声明和风险披露

证券或衍生品交易的亏损风险很高,可能远远超过原始投资的金额,杠杆交易和保证金交易尤其如此。过去的结果并不能说明未来的表现。在任何情况下,本书中的内容均不得被解释为明示或暗示的承诺或保证。

维兰德·阿尔特提供的分析、策略、市场评论、观点和交易等想法不构成买卖或投资建议,只是教学材料,用于教学目的。

如果市场对您不利,您可能会承受比您存入账户的金额更大的损失。您要对自己选择的交易系统负责。除非您充分了解您正在进行的交易以及您可能面临的损失,否则您不应参与交易。如果您不了解这些风险,您必须向财务顾问寻求建议。

因此,维兰德·阿尔特对所提供的意见、分析、策略或其他信息不承担任何责任。如果网友、读者或维兰德·阿尔特培训课程的参与者根据发布的内容做出投资决策或进行交易,其导致的风险完全由自己承担。

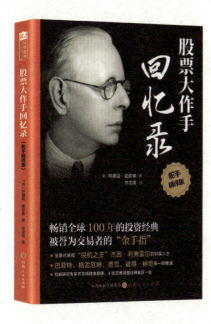

全景展现利弗莫尔波澜起伏的投资人生

投机之王登上人生巅峰之路的心路历程

书名：股票大作手回忆录（舵手精译版）
作者：埃德温·勒菲弗 / 著，齐克用 / 译
书号：978-7-203-13379-7
定价：49.80 元

利弗莫尔唯一亲笔撰写的作品

跨越时空的操盘法则和实战秘籍

书名：股票大作手操盘术（舵手精译版）
作者：杰西·利弗莫尔 / 著，齐克用 / 译
书号：978-7-203-13360-5
定价：48.00 元

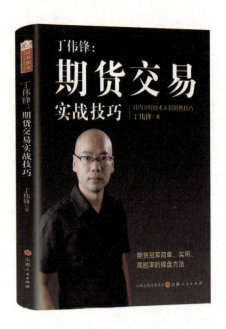

期货冠军丁伟锋首部重磅新书

日内分时 8 招致胜技巧、实操讲解

书名：《丁伟锋：期货交易实战技巧》
作者：丁伟锋
书号：978-7-203-13539-5
定价：98.00 元

改认知，传心法：交易之家李小军首部重磅新书

打造四大交易基石
——理念、逻辑、技术、心法

书名：《职业交易员的自我修养（认知篇）》
作者：李小军 姜栎
书号：978-7-203-13472-5
定价：158.00 元

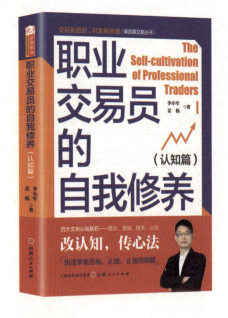